사교댄스
리드 완전정복

사교댄스 리드 완전정복

남성의 리드를 잘 받는 - 여성 실전 포인트

이창수 지음

WDSF 댄스스포츠 이론을 기반으로 사교댄스를 해석한다

올바른 리드를 배우면 매일 행복한 사교댄스를 즐길 수 있습니다

좋은땅

머리말

여러분 안녕하세요.

청량리에서 굿댄스 아카데미를 운영하고 있는 이창수입니다.

우리나라 사교댄스에서의 리드 방법과 남성 리드를 받고 무빙하는 여성의 움직임에 대한 방법은 강사에 따라 지도방법이 다양하지만, 그것들은 각자 타당하고 댄스를 추기에 알맞은 방법임을 알아야 합니다.

이 책에서 사교댄스에서의 남성 리드와 여성이 리드에 반응하는 방법에 대하여-수준 높은 "WDSF 댄스스포츠" 이론과 실기 정보에 기반하여 댄스스포츠의 역동적인 이론으로 사교댄스의 베이직을 언급하고 있습니다.

댄스를 배우고 현장에 나가 자유롭게 즐기려 하지만, 자신 있게 할 수 있으려면 많은 시간의 노력이 동원되어야 하는데, 그 시간과 노력을 줄이려 하는 분들을 위한 베이직 서적입니다.

고급 휘겨가 아닌, 가장 초급반의 휘겨 1-10번까지의 내용과 그 휘겨의 바탕이 되는 남성의 리드와 여성의 팔로우 기초 정보를 이 책으로 접하실 수 있을 것입니다. 만들어진 영상을 병행하여 스터디하실 것을 권해드립니다.

이 책에서 언급한 기본 1-10번을 완성하신 후에는, 그 순번이 유지되며 2단계 버전, 3단계 버전으로 댄스를 즐기실 수 있습니다.

휘겨 영상은 저자의 다음카페에서 확인하실 수 있으며, 사교댄스가 여러분의 건강과 행복을 보장해 드릴 것으로 확신합니다.

감사합니다.

저자 이창수 올림

차례

머리말   *4*

이 책은 사교댄스를 생각한다

01. 이 책을 출판하게 된 계기   *12*

02. 이 책은 WDSF 댄스스포츠 이론을 바탕으로 설명   *13*

03. 사교댄스에서 남성 리드는 중요하다   *15*

04. 남성을 위해 춤을 추세요   *16*

05. 사교댄스를 잘하는 방법   *17*

일자 지르박의 역사와 발전과정

01. 지르박의 명칭   *20*

02. 한국 지르박의 변화   *22*

Part
3

사교댄스의 용어

01. 이 책에서 사용되는 용어   *26*

02. 박자 관련 용어   *28*

03. 방향(Alignment)   *29*

04. 사교댄스의 자세   *30*

05. 손의 높이   *30*

06. 댄스 스포츠 워킹 이론   *32*

07. 사교댄스 걷기(Walking)   *34*

08. 풋 액션(Foot Action)   *36*

09. 댄스와 음악   *37*

10. 프레임(Frame)   *38*

11. 리드와 텐션(Lead-Tention)   *39*

12. 커플 포지션의 종류   *47*

13. 핸드 홀드(Hand Hold)   *49*

14. 기타 액션 용어   *49*

    1) 힐 턴(Heel Turn)   2) 힐 풀(Heel Pull)   3) 브러시(Brush)   4) 샤세
(Chasse)   5) 클로즈(Close)   6) 와인드업(Windup)   7) 드레그(Drag)

지르박

01. 지르박의 움직임에 대한 고찰   55

1) 지르박 춤의 움직임 3규칙 2) 지르박 음악과 체중이동 3) 박자 초입에 체중이동 완료 워킹 연습 방법 4) 여성의 체중이동 완료 5) 지르박에서의 손 잡는 방법과 무빙 6) 지르박 워킹 베이직과 스무스 워킹 베이직 7) 지르박 6박 진행 중 남·여 핵심적인 기술적 절차 8) 사교댄스의 전진·후진·회전

02. 지르박 이미지 보는 방법   66

03. 지르박 휘겨 차트 보는 방법   69

04. 지르박 휘겨 차트 해석을 위한 보조 영상   74

05. 지르박 1~10번   75

1번: 4방 동행 걷기 ㅣ 2번: 왼쪽에서 들어가 마주 보기 ㅣ 3번: 뒤로 3번 움직이고, 앞에 서기 ㅣ 4번: 어깨걸이 ㅣ 5번: 등지고 뿌리기 ㅣ 6번: 좌측 포지션에서 목감기 ㅣ 7번: 꽈배기 ㅣ 8번: 건너가서 돌려버리기 ㅣ 9번: 같이 돌아서 좌측 포지션에 서기 ㅣ 10번: 홀드

블루스

01. 블루스 이미지와 차트 소개   164

1) 블루스 이미지 보는 방법 2) 블루스 차트 보는 방법 3) 블루스 워킹 베이직 방법과 분석

02. 블루스 1~10번   *174*

1번: 지그재그 돌려 세우기 ┃ 2번: 직선 리버스 턴 ┃ 3번: 사선 리버스 턴 ┃
4번: 피피 샤세 막고 돌기 ┃ 5번: 방향 전환 걷기 ┃ 6번: 터널 ┃ 7번: 리버스
샤세 ┃ 8번: 다이아몬드 ┃ 9번: 백 런 ┃ 10번: 좌우 스핀

트로트

01. 트로트 소개   *224*

02. 트로트 1~10번   *225*

1번: 전진하며 방향 전환 ┃ 2번: 피피 포지션 걷기 ┃ 3번: 서로 건너가며 걷
기 ┃ 4번: 내추럴 턴 피피 포지션 ┃ 5번: 피피 포지션 우방향 걷기 ┃ 6번:
샤세 좌회전 샤세 ┃ 7번: 사선 리버스 턴 ┃ 8번: 피피 샤세 막고 돌기 ┃ 9
번: 방향 전환 걷기 ┃ 10번: 백 스위블

참고 문헌   *268*

이 책에 나오는 이미지 찾아보기   *269*

이미지(■) 위치를 알 수 있는 차례   *270*

이 책은
사교댄스를 생각한다

01 이 책을 출판하게 된 계기

저자는 댄스 입문 시, 사교댄스부터 배웠고 그 이후에 약 25년에 걸쳐 10종목 댄스스포츠를 배우고 즐기고 그리고 정년 퇴직 후에는 댄스학원을 운영하며 그동안 배웠던 댄스에 대한 정보를 여러 분들과 공유하고자 노력하고 있다.

문화체육관광부장관이 발행하는 "댄스 국가 자격증 제도"가 도입된 2015년도부터 저자는 "댄스 종목 생활스포츠지도사 2급" 자격증 시험취득을 위한 강습을 진행해 오고 있으며 사교댄스도 같이 강습을 진행하고 있다.

2023년도부터 댄스 국가 자격증 시험 범위가 "WDSF 교재"로 변경되었고, 이와 관련하여 2023년 11월에 국가 댄스자격증 시험 대비 교재인《스포츠지도사 2급 댄스스포츠 실기·구술시험 핸드북》을 국내 최초로 발간하였다.

그동안, 사교댄스를 함에 있어서 남성이 리드를 잘할 수 있게 강습을 해 달라는 일부 회원님의 요청이 있어 교재를 통한 정보 공유를 하고자 한다.

아울러 여성이 사교댄스 기량의 향상을 위해 남성과 같은 수준의 공부 노력이 필요하다는 것을 많은 분들이 강조하고 있으며 그 부분도 본 도서를 통해 정보를 공유하고자 한다.

02 | 이 책은 WDSF 댄스스포츠 이론을 바탕으로 설명

본 도서는 사교댄스의 바레이션 부분인 화려하고 다양한 고급 휘겨들을 다루지는 않는다. 사교댄스 3종목에 대한 기본적인 베이직 개념만을 다루고 있으며, 이 기본적인 베이직 개념 부분에 대해서 말씀드리고 싶은 내용이 있다.

우리나라의 사교댄스는 오랜 시간 지나오며 많은 지도자와 다양한 이론과 방법론이 존재한다. 댄스는 여러 방법과 이론이 존재하지만 그것들은 모두 올바른 것이며 잘못된 방식의 것이 아니라는 점을 알고 있어야 한다.

독자가 댄스 지도 방법에 차이가 나는 5명의 사교댄스 지도자 중에 누구를 선택할 것인가 하는 것이 중요하다.
인생은 선택의 연속 이듯이 댄스 역시 선택이 필요하다.

선택을 하였고, 그 선택 이후 댄스기량이 높아졌을 때의 느낌은 5가지 방향의 댄스 기술과 이론이 결국은 표현만 틀린 것일 뿐 모두 같은 것이라는 것을 알게 되지 않을까 상상해 본다.

여기서 강조하는 싶은 것은, 본인이 선택하였으면 그 지도자의 지도를 충실히 배우고 익히며 본인 것으로 소화하라고 말씀드리고 싶다.

본 교재 내용은 최신 WDSF 댄스스포츠의 이론과 실기를 기초로 하여-사교댄스 이론과 실기 그리고 리드와 팔로우 진행 시 필요한 관련 내용을-댄스스포츠 관점에서 설명하고 있음을 강조하여 말씀을 드린다.

"댄스에 있어서 왕도는 없다, 연습만이 살길이다"는 문구는 학원에 가면 흔히 볼 수 있는 문구이다.

내가 지도받고 있는 선생님의 강습 방식(이론)을 내가 잘 이해하고, 더 많은 시간을 내어 집중하고 연습의 노력을 추가하여 정확히 해낼 수 있어야 한다는 것을 문구로 강조하고 있는 것이다.

이 책을 통해 저자가 강조하는 이론과 남성의 리드 부분 그리고 여성의 팔로우 부분은 그동안 들어보지 못한 내용일 수도 있으나, 앞서 말씀드린 5명의 지도자가 지도하는 사교댄스 방법이 나름대로 모두 틀림이 없다는 점을 이해하시고, 독자께서 이 책이 강조하는 기술적 부분을 적극적으로 참고해 보시길 권한다.

03 사교댄스에서 남성 리드는 중요하다

사교댄스 지르박을 배울 때 지도자의 강습 방식에 따라 다음과 같이 남성 움직임의 방식에 차이가 존재한다.

① 여성이 무빙할 때, 남성의 움직이는 거리가 거의 제자리이며 여성의 일자 움직임의 중앙 정도에서 고정되어 있는 경우.
② 여성이 무빙할 때, 남성의 움직임은 ①보다 좀 더 길게 움직인다.
③ 여성이 무빙할 때, 남성은 여성과 같이 움직인 결과로 커플 모두 활기찬 무빙을 보여주게 된다.

본 도서에서 남성의 리드를 설명할 때 ③ 방법으로 설명하게 된다.
즉 남성이 여성에 근접하여 같이 움직임을 진행하며, 여성 움직임에 변화를 주는 방식이 될 것이다. 남성의 운동량이 ①, ②번보다 많아졌으며 활기찬 모습으로 보이게 된다.

04 남성을 위해 춤을 추세요

여성이 사교댄스를 진행할 때는 몇 개의 스타일로 분류할 수 있다.

① 여성이 무빙할 때 음악 박자를 기준으로, 올바른 박자를 맞추지 못하고 진행하는 경우.

② 여성이 무빙할 때 남성의 리드에 관심이 없이, 음악의 박자에 맞추어 진행하는 경우.

③ 남성은 여성의 무빙을 통제하고 있는 결과, 여성이 남성의 신호에 반응하며 동시에
　음악의 박자에 맞추어 진행하는 경우.

본 도서에서 여성이 남성의 리드에 반응하는 기술을 ③ 방법으로 설명한다. 즉 남성이
여성에 근접하여 여성과 같이 움직이며 여성에게 무빙 리드를 확실하게 전달하는 방식
이고, 여성과 같이 움직이며 여성 움직임에 지속적으로 변화를 주는 방식이 될 것이다.

여성은 음악의 흐름에 맞게 움직일 때, 바디의 프레임을 유지하며 남성의 리드와 세밀
한 신호 수신 체계를 갖추어야 한다. 즉 남성과의 텐션관리는 여성의 세밀한 움직임과
아름다운 동작의 원천인바, ①, ②번보다 무빙의 아름다움과 신속한 기동력 그리고 다
양한 예술적 액션으로 주위 사람의 시선을 받게 되어 그 순간 "탤런트"가 되는 것이다.

05 사교댄스를 잘하는 방법

사교댄스를 잘하려면 기본(베이직)을 잘 배워야 하며, 그 바탕 위에 남녀가 하나의 동체(同體)가 되어 무빙해야 한다. 이러한 무빙을 하려면 남성은 여성을 위하여-여성은 남성이 원하는 동작과 남성이 좋아할 위치에 설 수 있어야 한다.

다른 표현을 빌리자면, 상대를 존중하고 서로를 도와주는 춤을 춰야 한다.

○ 남성: 사교댄스의 리드를 잘하는 법

• 음악 박자와 체중이동 시점에 대한 이론을 이해하기, 댄스 프레임을 유지하기.

• 여성을 리드하며 움직일 때 남성의 양팔을(남성이 원하는 위치에 여성이 설수 있도록 리드, 여성 회전 시 도움) 최대한 사용하기.

• 무빙 시 남녀 모두 음악박자에 맞는 체중이동을 위하여, 여성을 먼저 움직이게 한 후 진행하기.

• 앞뒤 진행 시 여성에게 미리 앞이나 뒤로 진행하겠다고 신호를 보내고 무빙하기.

• 댄스 진행 시 상대방인 여성에 집중하며 리드하기.

• 여성이 6박 보행 시 직진, 회전, 전진 후진의 마지막 스텝까지 리드하기.

• 댄스의 핵심인 텐션의 개념과 텐션 사용기술을 이해하고 실행하기.

• 사용할 휘거 스텝에 대하여 세밀한 부분까지 완벽하게 알고 난 후 반복 훈련의 결과로 부드럽고 여유 있게 사용하기.

○ 여성: 사교댄스의 팔로우(남성 리드에 반응하는 것)를 잘하는 법

• "여성은 남성보다 댄스 배우는 것이 쉽다"라는 일반적인 표현하고는 다르게 여성이 남성보다 더 많이 공부를 해야 하고 연구해야 한다.

• 음악 박자와 체중이동 시점에 대한 기본적인 이론을 이해하기.

- 댄스 프레임을 유지하기.
- 남성의 신호를 수신할 때 여성은 움직임을(체중이동) 미리 준비하기.
- 남성의 무빙신호에 씨비엠 등 정확한 보행 방식으로 진행하기.
- 댄스 진행 시 상대방인 남성에 집중하며 팔로우하기.
- 남성의 직진, 회전, 전진 후진에 대한 마지막 스텝까지 리드에 반응하며 무빙하기.
- 댄스의 핵심인 텐션의 개념과 실행 요령 알기.

댄스를 잘하고 즐겁게 즐기는 것은 관점의 차이는 있지만 "남성의 6보 리드와 움직임에 대하여, 여성이 남성의 6보 리드에 잘 반응한 결과, 커플이 하나와 같이 무빙하는 것이다"라는 점을 강조하고 싶다.

일자 지르박의
역사와 발전과정

1920년대 미국에서 스윙 음악에 맞춰 10대들이 미친 듯이 몸을 움직이면서 춤을 추었다. 이에 신문은 이 10대들을 스윙 음악만 들으면 미친 듯 춤을 추는 스윙광(Swing 狂: 스윙 매니아)이라고 표현하였고, 이들이 즐기는 춤을 지터벅(Jitter Bug)이라 불렀다.

"Jitter"는 "조금씩 전후상하로 진동을 계속하며 조금씩 속도가 빨라진다"라는 의미로 사용되는 단어이다.

"Bug juice"는 서민들이 즐겨 먹는 가격이 싼 술이라는 속어이다. "Bug Dance"는 서민이 즐겨 추는 춤이라 해석이 가능할 것이다.

결국 지터벅(Jitter Bug Dance) 춤은 몸을 짧고 빠르게 움직이는 동작을 기본으로-미국의 중류층을 포함한 서민층에서 빠른 동작을 즐기며 추는 일반 대중의 춤이라는 의미로 해석하고 싶다.

영어 사전에서 나오는 `bug` 　Q 　**단어/숙어**

bug
1.벌레 2.곤충 3.버그 4.괴롭히다 5.바이러스

bug
1.(속어) (종종 명령형) 급히떠나다 2.마음이 내키지 않게하다 3.겁을먹다

bug-juice
1.(미속어) 값싼술 2.엉터리 혼합음료 3.가솔린 4.담뱃진

지터벅을 벌레가 꿈틀대는 듯 움직이는…이라고 해석하고 싶지 않다.

미국의 대표적인 춤 지르박(Jitter Bug)이 우리나라에 소개된 것은 1950년대 6.25동란 중에 미군에 의해서이다.

이후, 지르박을 우리가 즐길 수 있도록 설계된 삼각스텝 지르박이 1970년대 초까지 우리나라 카바레를 휩쓴 바 있다.

그러다가 1970년대 초에 일자 스텝 지르박이 등장하여 보급되기 시작하였고, 거의 10년 만에 한국 카바레는 일자 지르박이 많은 사람이 추는 춤이 되었으며 1990년대에 와서는 세계 어느 나라에도 없는 한국의 독특한 "일자 스텝 사교춤"으로 자리 잡았다.

세계의 유명한 여러 예언가들은 "한민족이 세계를 리드한다"의 예언을 내놓은 바 있다. 현재 우리 민족은 K-Pop(한국 팝), K-Drama(한국 드라마), K-Food(한국 음식) 등 우리의 다양한 생활문화가 지구인 모두에게 주목받고 있다.
저자의 개인적 욕심이지만, 우리 사교댄스인 K-Dance(한국 댄스)도 우리가 잘 정리하고 노력해서, 세계인과 함께하는 문화가 되었으면 좋겠다.

02 한국 지르박의 변화

1950년대 미군에 의하여 미국 정통 지르바인 록큰롤이 우리나라에 보급되었다.

1970년대 초까지 미국의 지르바가 변형되어 삼각스텝 지르박이 유행하였으며 그 이후에 일자 스텝 지르박이 보급되어 현재까지 많은 이들의 사랑을 받고 있다.
1980년대 후반에 삼각스텝이 변형된 짤짤이 지르박(논스텝: non step)이 보급되어서 한때 인기가 있었다.

짤짤이의 깊이를 아는 층에서는 이를 더욱 발전시키며 짝난, 쿵난, 정난, 풍난, 리듬짝과 투투, 비석춤, 잔발춤, 246짝춤, 까닥발, 따닥발, 비빔발, 뽕발, 통합 리듬짝으로 발전하고 있으며, 지금의 한국형 리듬댄스인 우리 춤의 중요한 부분을 점유하게 되었다.

한국형 리듬댄스는 항상 일자 스텝과 동반자로서 함께 발전하고 있다.

무도장의 홀 앞쪽에는 리듬댄스, 홀 안쪽에는 일자가 서로 존중하며 경계 침범을 하지 아니하고 함께 즐거운 문화를 발전시키고 있다.

우리나라의 사교댄스 교재는 그동안 다양하게 많은 책이 출간되었다.
우리의 사교댄스가 고수님들의 합의하에 통일된 교재가 완성되고 그로 인해 다른 국가에서 수입해 가고 사교댄스가 공식적인 스포츠예술로 인정받는 때가 오기를 기다리는 마음이다.

이 책은 그동안 출간되었던 사교댄스 교재와 견주어 내용의 구성이 처음 소개되는 형식이며, 그로 인해 외국에서 우리 사교댄스를 배우고자 하는 분위기가 형성되기를 고대하면서-이 책이 사교댄스의 국제화에 조그만 기여를 할 것으로 기대한다.

사교댄스의 용어

- 스텝: Step(步). 바디가 이동되었고, 한 발로 바닥을 디디고 서 있는 것.
- 마디: 지르박에서 6박이 진행됨(6보로 구성된 움직임).
- 휘겨: 여러 개의 스텝을 사용하여 하나의 완성된 작품을 만들어 낸 동작
  (휘겨명 "어깨걸이"의 예 : 2마디로 이루어짐. 12박자로 구성됨).
- 루틴: 여러 개의 휘겨를 계획에 의거하여 번호를 부여하고, 그 휘겨들을 번호 순서대로 기록한 것.

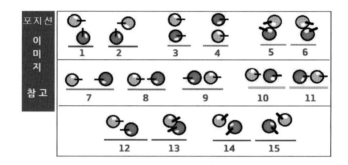

- 출발 포지션: (1) Left Diag Left Angle Position. 남성의 앞에 여성이 위치(女 오른팔이 男 앞에 있음).
- 역출발 포지션: (2) Right Diag Right Angle Position. 남성의 앞에 여성이 위치(女 왼팔이 男 앞에 있음).
- 좌측 포지션: (3) Left Side Position. 남성의 왼쪽에 여성이 있는 위치(같은 방향을 보고 있음).
- 우측 포지션: (4) Right Side Position. 남성의 오른쪽에 여성이 있는 위치(같은 방향을 보고 있음).

- 피피 포지션: (5) Promenade Position. 프롬나드 포지션의 줄임말. 남성 오른쪽과 여성 왼쪽이 가까운 위치이며, 같은 방향을 보며 걷는 자세.

- 역피피 포지션: (6) Counter Position. 카운터 프롬나드 포지션. 남성 왼쪽과 여성 오른쪽이 가까운 위치이며, 같은 방향을 보며 걷는 자세.

- 오픈 포지션: (7) Open Position. 마주보고 팔을 펴서, 떨어져있는 자세.

- 앞에선 포지션: (8) Opposing Position. 남성과 여성이 서로 마주보고 서있는 위치.

- 등대고 선 포지션: (9) Opposing Back Open Position. 남성과 여성이 등을 마주한 위치.

- 등지고 선 포지션: (10) Back Open Position. 남성이 여성 앞에서 등을 보이는 위치.

- 뒤에선 포지션: (11) Back Open Position. 여성이 남성 뒤에서 등을 보고 있는 위치.

- 클로즈 포지션: (12) Close Position. 마주보고 홀드된 자세.

- 클로즈드 포지션: (13) Closed Position. 남녀가 바디 콘택된 자세.

- 비켜선 포지션: (14) Outside Partner Position. 남성 오른쪽에 여성이 위치한다. 서로 약간의 회전을 한 결과, 상대를 막지 않은 위치이며-속도 내어 걷기 위한 자세.

- 역비켜선 포지션: (15) Wing Position. 남성의 왼쪽에 여성이 위치한다. 서로 약간의 회전을 한 결과, 상대를 막지 않은 위치이며-속도 내어 걷기 위한 자세.

댄스스포츠에서의 커플 포지션 용어 참조

- 클로즈 포지션(Close Position)

이 자세는 사교댄스에서 홀드할 때 사용되는 기본 포지션이다. 사교댄스에서 블루스의 기본자세이며 남자의 오른쪽과 여자의 오른쪽 바디가 가까이 위치한다. 따라서 남자와 여자의 왼쪽은 상대와 멀어지고 어깨와 관절은 서로 간에 평행을 유지해야 한다.

- 클로즈드 포지션(Closed Position)

이것은 댄스스포츠에서의 홀드 기본 위치이다. 여자의 오른쪽 사이드와 남자의 오른쪽 사이드가 컨택한다. 따라서 남자와 여자의 왼쪽은 접촉하지 않고 어깨와 엉덩이는 평행을 유지한다.

• 트롬나드 포지션(Promenade Position) [피피 포지션]
이 포지션에서 컨택 위치는 남자의 오른쪽과 여자의 왼쪽이며, V 모양을 만든다. 이 포지션은 두 파트너가 같은 방향으로 전진해야 할 때 사용된다(V 모양의 열린 부분으로).

• 카운터 프롬나드 포지션(Counter Promenade Position) [역피피 포지션]
이 포지션에서 컨택 위치는 남자의 왼쪽과 여자의 오른쪽이며, V 모양을 만든다. 이 포지션은 두 파트너가 같은 방향으로 전진해야 할 때 사용된다(V 모양의 열린 부분으로).

• 아웃사이드 파트너 포지션(Outside Partner Position)
이 위치는 클로즈드 포지션과 매우 유사하며 전진하는 파트너가 오른쪽 발로 밖으로 나가야 할 때 사용된다.

02 박자 관련 용어

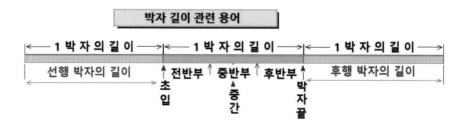

• 박자 초입: 1박자 길이 중 최초 지점.

- 박자 전반부: 1박자 길이를 3등분 했을 때 앞쪽 부분.

- 박자 후반 부: 1박자 길이를 3등분 했을 때 뒷 부분.

- 박자 중간 지점: 1박자 길이 중 가운데 지점.

- 박자 끝 지점: 1박자 길이 중 가장 끝 지점.

03 방향(Alignment)

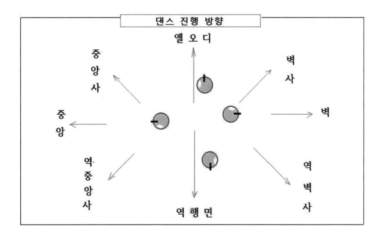

방향명	움직임의 설명	시선
엘오디	그림과 같이 위쪽(↑)으로의 움직임이다.	선수는 자신이 원하는 방향을 향하고 서 있는 자세에서 좌측의 8가지 방향으로 (전진 혹은 후진)으로 진행해 나간다.
벽사	오른쪽 벽을 기준으로 위쪽 45도 사선으로 진행.	
벽	그림에서 오른쪽으로 움직임.	
역벽사	오른쪽 벽을 기준으로 아래쪽 45도 사선으로 진행.	
중앙사	왼쪽 중앙을 기준으로 위쪽 45도 사선으로 진행.	
중앙	그림에서 왼쪽으로 움직임.	
역중앙사	왼쪽 중앙을 기준으로 아래쪽 45도 사선으로 진행.	
역행면	수직선 아래쪽(↓)으로의 움직임을 말한다.	

04 사교댄스의 자세

댄스의 올바른 자세는 사진과 같이 머리 중심, 어깨 중심, 힙 중심이 수직선으로 유지된 자세로 워킹되어야 한다.
움직임에 있어서 체중은 양쪽발의 안쪽(Inside of the Foot)을 향해야 한다.
무릎은 똑바로 세우고 바닥을 누르는 에너지를 사용한다.
바른 자세를 유지하기 위하여 복부가 긴장감을 유지하는 동안 어깨와 가슴은 이완되어 있어야 한다.

바른 자세

여성의 자세는 남성의 기본자세에서 추가하여, 신속한 움직임을 위하여 갈비뼈는 아주 약간(1-2㎝) 전진, 골반은 뒤로 약간(1-2㎝) 이동된다.

05 손의 높이

한 손 혹은 두 손을 사용하여 사교댄스 휘겨를 실행하는 동안 여러 개의 다른 높이로 홀드 위치를 연결해야 한다. 본 책에서는 다음의 표와 같은 이미지를 사용하고자 한다.

	허리:	복부:	가슴:	
• 허리 • 복부 • 가슴 • 어깨 • 이마 • 머리 위				양쪽 손을 이용 하는 것도 가능
	어깨:	이마:	머리 위:	

댄스는 음악을 기반으로 펼쳐지는 예술이므로 박자와 체중이동의 연결이 중요하다. 훌륭한 댄스를 진행하기 위한 조건은 흘러나오는 박자에 맞게 바디를 움직여야 하며, 바디는 정지됨이 없이 움직임을 만들어야 한다.

바디뿐만 아니라 커플이 연결되는 손의 움직임도 마찬가지이다.
뒤에 나오는 그림이나 차트에서의 손 움직임은 정지함이 없이 두 사람이 잡고 있는 손이 연속적으로 움직이고 있어야 한다.

룸바 워킹 사례

전진워킹은 디디고 있는 다리의 무릎을 펴고 각 스텝에서 고관절 동작을 사용하여 "큐반 모션"을 하거나 신체의 다른 부분에 영향을 주지 않고 힙을 굴절시키는 특별한 신체 연동을 사용하여 앞으로 진행한다.

Forward Walk 동안, 힙이 8자돌리기가 만들어지며, 그것은 센터 밸런스 포지션 이후에 사용되고, 다음 센터 밸런스 포지션까지 계속될 수 있다. Active then Settle action은 보통 사용된다.

전진 워킹 시 풋 액션은 보통은 볼플랫 'B Flat'으로 표현한다.

번호	구분동작	Description (설명)
준비	Settle	왼발로 디디고 서며 무릎을 펴고 오른쪽 무릎은 부드럽게 구부러지며…
1	Resist	바디가 앞으로 진행…
2	Control	바디 진행, 센터 밸런스 상태까지 뻗고 양쪽의 무릎은 곧게 펴지면서 스트레칭…
3	Push	왼쪽 발목이 길게 펴지며 바디가 진행되어, 체중이 오른발로 가는 中…
4	Extend	왼쪽 발이 바닥을 누르며 더 뻗고 동시에 골반 로테이트…
5	Recover	왼쪽 무릎 구부리며 왼발 오른발 옆으로 위치한다.

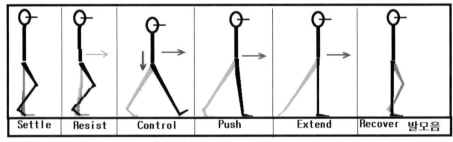

룸바 전진 워킹 구분 동작

왈츠 드라이브 액션

보통 각 휘겨의 제1보에서 사용되는 드라이브 액션은, 신체의 오버 밸런싱, 무릎 굽힘 및 다리 스윙-이 동작들 간의 세밀한 연결 진행이다.

Forward Step에서 이 연결된 동작은 Lower, Resist, Control, Push, Recover(or Collect) 의 다섯 가지 하위 동작으로 나뉜다.

후진 단계에서 "Prepare, 준비"라고 불리는 다리가 미리 뒤로 위치하는 동작이 실행된 후, 앞의 5개 동작을 실행하게 된다.

번호	구분동작	Description [오른발이 앞으로 나가는 사례]
준비	Lower	왼발 무릎 낮추며 준비…
1	Resist	실제 체중이동은 없으나, 미세하게 바디가 진행…
2	Control	진행하며 오른발 센터 밸런스 상태까지 뻗고 양쪽 무릎은 펴지며 스트레칭…
3	Push	왼쪽 발목 펴지며 바디 진행되어, 체중이 오른발로 이동해 가는 中…
4	Recover	왼쪽 무릎 구부리며 왼발 오른발 옆으로 위치한다.

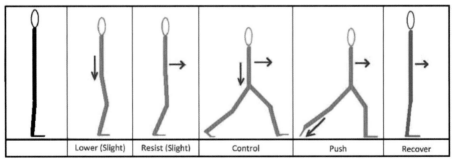

드라이브 액션 구분 동작

댄스를 하고자 할 때에 흘러나오는 음악에 맞추어 움직이게 된다.

이때 중요한 포인트는 음악과 하나 되어 여유가 있고 보기 좋게 움직이는 것이다.

아래의 "전진워킹 센터발란스 통과그림"과 같이 전진 체중을 이동할 때는 센터 밸런스를 통과하며 진행되어야 한다. 후진 시는 바디가 움직이기 전에, 움직이는 발은 먼저 뒤로 디딜 준비가 완료되고 후진이 시작되어야 한다.

미리 후진을 위해 뒤쪽으로 움직이는 다리가 준비가 되면, 바디가 빨리 뒤로 움직이지 못하게 된 결과로-두 파트너의 거리가 멀어지지 않게 된다.

오른쪽 그림과 같이 체중이동 할 때 롤링 액션(발바닥이 공처럼 굴러간다는 개념)을 실천하면 부드럽고 강력한 바디 진행을 만들게 되어, 자신의 바디를 원하는 때 원하는 방향으로 진행시킬 수 있게 되며 여유 있고 안정적인 댄스를 만들어 낼 수 있다.

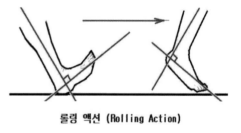

롤링 액션 (Rolling Action)

롤링 액션의 실천은 "롤링 액션 그림"과 같이-바디의 수직선이 유지되어 진행하되, 발바닥과의 각도는 바디와 "약 90도 정도의 각도"를 유지하며 진행할 수 있도록 발목의 사용을 강화하여야 한다.

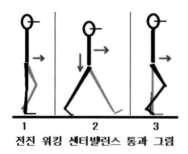

전진 워킹 센터밸런스 통과 그림

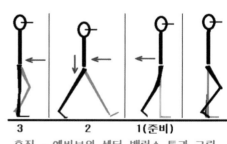

후진 - 예비보와 센터 밸런스 통과 그림

전후좌우 혹은 회전으로 진행하는 댄스 움직임은 음악의 박자에 맞게 디디며 무빙해야 한다.

박자에 맞게 발을 디디려면 바디의 속도를 조정해 가며 무빙해야 한다.

음악이 나오면 그 박자에 맞게 움직임을 만들어 내야 한다. 즉 체중이동은 박자에 알맞게 이동되어야 한다. (뒤의 박자와 체중이동 부분 참조)

예를 들어 박자가 "쿵짝쿵짝" 진행되고 있을 때, "쿵" 박자에-이때 이미 한 발에 체중이동이 완료되었어야 한다. 이와 같이 쿵 박사에 체중이 한 발에 완전히 올라가 있게 되었을 때-이때 우리의 체중은 바닥을 향해 누를 수 있으므로 박자를 탄다고 말로 표현할 수 있게 된다.

이때, 우리의 몸은 바디 전체의 근육을 사용할 수 있고 다음 박자를 위해 근육이 움직일 수 있게 되며 이 순간에 들려오는 음악의 박자를 탈 수 있게 된다.

저자가 강조하는 부분은, 춤은 바디가 움직이며 우리의 "발이 박자에 맞게 바닥을 누르는 것"이다. 발이 바닥을 디디고 그 위에서 체중이동을 (박자에 맞게) 제때에 완료할 수 있으려면, "바디의 움직임이 선행되어야 한다"라는 정보의 이해가 중요하다.

결국, 체중이동을 하려면 바디가 먼저 진행되어야 하며, 이때 남성은 여성과 같이 박자에 맞추어 발을 동시에 디뎌야 하므로-남성의 바디가 먼저 움직이며 여성을 움직이게 만들고 이어서 동시에 체중이동이 완료하게 된다.

지르박, 블루스, 트로트도 그렇지만 보폭을 짧게 하는 리듬짝 계통의 춤도 체중이동이 중요하다.

그래서 길게 움직이지 않는 리듬짝 계통의 춤도 바디가 선행하면서 무빙이 이루어지며 박자를 맞추어야 하므로, 바디를 길게 움직여 진행하는 지르박보다 더 어렵지 않을까 하고 저자는 생각해 본다.

08 풋 액션(Foot Action)

박자에 맞게 체중이동을 실천할 때, 즉 바디의 움직임을 만들어 낼 때 풋 액션이 정확해야 한다.

풋 액션이란 플로워에 발이 닿을 때 발끝이 제일 먼저 닿는지 혹은 힐이 제일 먼저 닿는지 또는 발 안쪽 앳지 부분이 닿는지를 이야기하는 내용이다.

댄스를 함에 있어서 이 풋 액션의 정확한 실천 여부가 움직이는 몸의 모양을 만들어 내고, 댄스를 잘하고 못하는 기준이 된다. 왜냐하면-이 풋 액션의 정확한 실천이 바디의 움직임을 만들어 내기 때문이다.
그리고 여성을 리드하는 힘을 만들어 주고, 워킹의 훌륭한 진행을 만들어 내는 기초가 된다는 점에서 매우 중요한 부분이다.

다음 표는 이 책에서 사용되는 풋 액션의 용어이다.

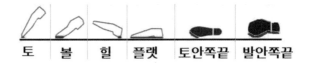

토	Toe	발가락 끝부분	볼플랫	Ball Flat	발 앞쪽-발 전체
볼	Ball	발 앞쪽	힐플랫	Heel Flat	발꿈치-발 전체
힐	Heel	발뒤꿈치			
플랫	Flat	발바닥 전체			
토 안쪽 끝	I/E of Toe	발가락 안쪽 끝			
발 안쪽 끝	I/E of Foot	발바닥 안쪽 끝			

09 댄스와 음악

사교댄스의 음악은 4/4박자이며 지르박은 1분에 36소절, 트로트는 34소절, 블루스는 24 소절 정도의 빠르기를 사용하고 있으며, 더 빠르거나 느리게 음악이 나올 수 있다.

춤을 출 때 들리는 음악의 박자를 "쿵 짝"으로 표현해 볼 수 있으며 댄스를 즐기기 위해서는 음악의 박자(빠르기)를 올바로 들을 수 있어야 한다.

보통 음악이 흐를 때에 댄스인의 체중이동 완료의 시점은 그 박자의 초입(박자의 시작 부분) 위에서 체중의 이동이 완료되어 있어야 한다.

그 이후부터 후반부에 걸쳐서는, 다음 박자의 초입부에 체중이동을 완료하기 위한 준비를 위해 움직여야 한다.

박자의 길이는 다음과 같이 구분할 수 있다.

타이밍	박자길이	참고
Q	1박자	지르박, 블루스, 트로트에서 사용
&	반박자(1/2 박자)	빠른 속도를 표현하기 위해, 주로 샤세에 사용
S	2박자(= Q Q)	지르박, 블루스, 트로트에서 사용

위의 표에서 "&"(앤)은 움직임 속도에 변화를 주기 위해 사용하며, 앞의 박자와 한 몸체(同體)로 생각하면 된다.

예를 들어 "S S Q & Q"을 해석하면, 박자길이는 "2 2 1 & 1"이 되며 결국은 "2 2 0.5 0.5 1"로 정리된다.

즉, &은 앞의 Q에 붙어서 1박자 되었지만, 2개의 발로 춤을 추게 된다.

실전에서는 박자 길이를 늘이고 줄이는 예술적 무빙을 즐기기도 한다.

프레임은 자동차의 뼈대, 건축물의 뼈대를 의미한다.

뼈대는 흔들리지 않고 옮길 때는 차체 전체를 옮겨 놓아야 한다.
댄스에서 프레임을 유지해야 한다는 의미는 사람의 몸을 차체와 같이 만들고 유지하라는 의미이다.

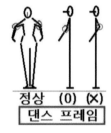
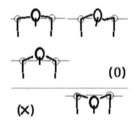

남성의 "리드"를 받은 여성이 "잘 수신할 수 있는 시스템"을 만들려면 여성의 "프레임"이 완성되어 있어야 한다. 그 프레임은 "팔꿈치 위치의 관리" 등 몇 가지 중요 포인트가 있으며 이 책 휘겨 부분에 나오는 "텐션" 관리와 관련이 있다.

상대가 움직임의 신호를 보냈을 때 여성의 팔꿈치가 그림과 같이 적정 위치에 고정되어 있어야 텐션이 걸리며 신호가 잘 수신될 수 있을 것이다.

그런데 그림(X)과 같이 팔꿈치가 바디축 뒤로 밀려 있으면 남성의 에너지에 반응이 없고, 팔이 흔들리며 서로 간의 신호체계가 약해지게 된다.

에어로빅이나 라인 댄스 종목과 같은 솔로 댄스와는 다르게,

커플 댄스는 2사람의 움직임이 중요하기에 프레임 중요성은 댄스를 잘하고 못하는 수준을 판단하는 기준이 될 수 있다.

11 리드와 텐션(Lead-Tention)

커플 댄스에서의 춤의 리드는 움직임의 모양을 만들어 내는 파트너 간의 의사소통 방법이다.

리드의 종류를 크게 2가지로 분류할 수 있다.

"접촉 리드와 비접촉 리드"(Connection Lead, Visual Lead)이다.

사교댄스에 있어서 남성이 리드를 잘하려면 우리가 보통 표현하는 "텐션"에 대하여 이해하는 것이 중요하다.

춤에 있어서의 텐션은 "마약의 즐거움보다 더 크다"는 말이 있을 정도로-춤에서 남성과 여성의 "텐션 기술"은 의미가 크다.

춤을 추는데 텐션의 즐거움이 없으면 움직임의 의미가 없다는 말로 해석할 수 있겠다.

텐션은 남성 리드를 시작하기 위한 전제조건이며, 여성의 팔로우 행위를 위한 전제조건이다.

커플댄스는 두 사람이 하나의 움직임을 만들어 내야(남녀 간의 무빙 시간 차이를 최소

화) 최상의 작품이 되는 것이다.

다시 표현하면, 커플댄스는 하나의 몸(同體)이 움직이고 있는 것과 같이 진행 되어야 한다. 커플이 하나의 몸과 같이 무빙을 실천하기 위하여, 남성은 리드를 하고 여성은 그 신호인 리드에 반응하며 무빙하는 것이다.

예를 들어 커플이 홀드를 한 상태에서 남성이 미리 신호를 상대에게 보내지 않고 움직였을 때 여성은 한 몸과 같이 움직일 수 없을 것이다.

커플이 텐션을 만들어 놓은 후에 무빙을 하면, 한 몸과 같이 움직일 수 있게 될 것이다.

여기서 중요한 점은, 텐션이 걸렸을 때, 여성은 움직일 방향으로 모든 준비가 되어 있어야 한다.

이어서 남성은 여성을 의도한 방향으로 미세하게 움직여 가며 부드럽게 출발해야 한다.

이 텐션은 남성만이 할 수 있는 것이 아니며, 여성도 리드해야 하는 곳이 있기 때문에, 커플 두 명이 텐션에 대한 대응 능력을 보유하고 있어야 한다.

만약 한쪽만이 할 수 있고 다른 쪽이 그 이해가 없는 경우에는, 그것이 가능한 한쪽은 춤을 추고 있는 노래가 유난히도 길게 느껴질 것이다.

이 부분에서 저자가 강조하고 싶은 내용이 있다.
남성과 여성 모두 댄스와 관계되는 텐션에 대한 공부가 필요하다—상대방을 위하여….

텐션 (Tention)

텐션은 다음의 2가지 방식으로 만들 수 있다.

① 바디의 움직임으로 인한 압력발생.
② 바디의 움직임이 곤란한 상황에는, 小근육을 사용해 압력발생.

리드의 방향(Lead Direction)에 따라 압력의 3가지 유형이 있다.

⊕ 압력 IN	서로 미는 압력	◎ 압력 Neutral	서로 중립상태의 미세한 압력	⊖ 압력 OUT	서로 당기는 압력
서로를 향하는(Over Balancing) 바디압력이 만들어진다.		서로에게 바디압력은 없고 손 압 력이 거의 0 가까이 되도록 사용 한다(0은 아님).		서로 반대 방향으로 바디압력이 만들어진다.	
바디 체중을 사용		小근육을 사용		바디 체중을 사용	

이 시스템을 이해하게 되면 파트너에 대한 인식이 형성되며, 그때는 기본적인 또는 평균적인 압력을 사용하게 된다. 즉 남성과 여성이 상대를 리드하고 반응하는 데 쓰는 에너지의 양은 매우 가볍게 된다.

팔은 바디보다 훨씬 빠른 속도로 움직일 수 있다. 안정적인 리드를 얻으려면 잡은 손이 여성의 바디 움직임과 동일한 속도로 이동해야 한다.

여성의 몸 속도를 높이려면 남성이 리드 압력(밀거나 당기는 텐션의 강도)을 높여야 한다.

그러면 여성은 남성 팔의 압력을 몸의 속도로 변환시키게 된다.

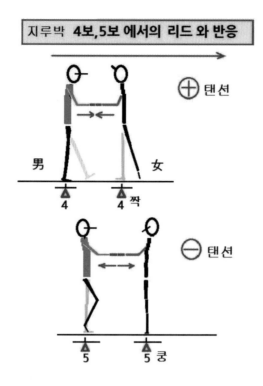

여기서 바디 혹은 근육을 통한 압력 리드(텐션)는 필요한 짧은 순간에만 사용해야 한다.

그 후에는 압력 리드가 중립조건으로 돌아가야 한다.

다음은 WDSF 댄스 스포츠 교재의 리드에 관련된 과학적 이론이며, 요즈음 사교댄스에서도 매니아분들이 가끔 사용하고 있는바, 간략히 소개하고자 한다.

압력을 사용한 빠른 움직임(Sudden Movements with Pressure)

물리학에서 Pressure, 압력은 표면적에 작용되는 힘의 크기를 의미한다. 힘을 사용해서 Movement, 움직임이 발생되면-수행된 작업의 량은 다음 공식을 사용하여 계산된다.

$$\text{Work} = \text{Force} \times \text{Distance} \ (W = F \times d)$$

$$\textbf{일} \quad \textbf{= 힘} \times \textbf{이동한 거리 (W = F} \times \textbf{d)}$$

따라서 압력이 있는 각각의 갑작스런 운동에 사용된 프로세스와 그 결과는-최종 움직인 방향과 이동된 거리에 따라 달라지며, 따라서 압력을 가진 갑작스런 움직임은 두 가지 범주로 나눌 수 있다.

1) Non-travelling lines   **움직임이 없는, 제자리의 라인**
2) Travelling lines and figures   **무빙하며 만들어지는 라인과 휘겨**

제자리에서 라인이 만들어지는 것은 두 가지로 설명할 수 있다.

1. 전진 또는 오른쪽으로 이동(예: Contra Check, Lunge).
2. 뒤로 또는 왼쪽으로 이동(예: Back Check, Spanish Drag).

1. Lines that move Forwards or Rightwards	
1단계	남자는 미세하게 움직이기 시작한다. 스텝 중간에서 남자는 갑자기 속도를 증가(Go)시켰다, 여자의 반응시간(1)으로 인해 커플 사이의 압력이 증가한다.
2단계	그 직후 (몇 분의 100초 이내에) 남자는 움직이지 않는다(Stop). 여자는 이 두 번째 충격인 정지(2)에 즉시 반응할 수 없기 때문에 원래 방향으로 계속 움직인다. 이 동작으로 최종 라인(남녀 간의 춤의 모양)이 완성된다.

Forward or Rightward Lines	
Contra Check or Lunge	 ↑ GO Stop
Kind of impulse 충격의 종류: Go-Stop(Line)	커플은 **정지상태** 중에 남성이 예고 없이 여성 앞으로 진행(GO) 결과 충격이 된 순간. 남성은 그 자리에서 Stop-움직이지 않는다. 여성은 갑자기 남성이 돌진해 온 큰 충격으로 뒤로 이동하게 되면서 라인 형성.

2. Lines that move Backwards or Leftwards	
1단계	여자와 손 잡고 남자가 뒤로 움직이고 있다. 남자가 스텝 중간에 갑자기 멈추고(Stop), 여자는 반응시간이 남자보다 약간 늦는 관계로 남자를 향해 진행한다. 두 몸 사이의 압력은 증가할 것이다.
2단계	그 직후에, 남자는 갑자기 다시 움직인다(Go). 여자는 두 번째 충격인 다시 움직이는 것에(2)에 즉각적으로 반응할 수 없으므로 그 자리에서 라인을 만들게 된다.

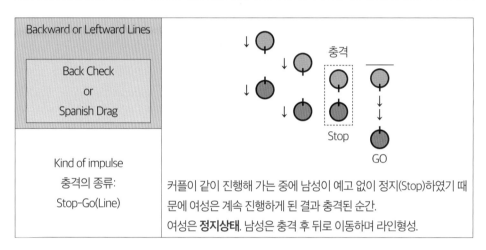

Backward or Leftward Lines	
Back Check **or** **Spanish Drag**	
Kind of impulse 충격의 종류: Stop-Go(Line)	커플이 같이 진행해 가는 중에 남성이 예고 없이 정지(Stop)하였기 때문에 여성은 계속 진행하게 된 결과 충격된 순간. 여성은 **정지상태**. 남성은 충격 후 뒤로 이동하며 라인형성.

우리는 이 두 단계(충격)를 '고우'와 '스톱'이라고 하며, 남자는 항상 매우 짧은 시간 내에 두 가지 충동을 만들어 낸 압력으로 Sudden Movement, 갑작스런 운동을 이끌고 있다.

이러한 텐션과 관련된 '고우'와 '스톱'에 대한 의미 있는 연구 결과를 소개한다.

(참고 1) 반응 시간(Reaction Time)

남자와 여자의 관계는 파트너십으로 정의되며 일반적으로 "행동과 반응"으로 설명 된다. 댄서는 일반적으로 파트너가 "자극"의 한 형태로 인식하는 "액션"을 만들어 낸다. 이 행동은 일단 식별되고 정교해지면-이 자극에 익숙해지면 "반응"을 형성하는 데 사용된다. 인간의 신체가 어떤 '자극'에 반응하는 데 시간이 걸리며, 이 '반응 시간'이 항상 0보다 크다는 것이 과학적으로 입증되었다.

즉, 주어진 충격에 대한 반응은 늦어진다. 이 지연은 과학적으로 "반응 시간"으로 정의된다. 파트너 간의 반응 시간을 줄일수록 커플의 파트너십 수준이 높아진다.

(참고 2) 심리학적 不應期 · 첫 충격 후 2차 충격 시 반응 없는 시간(두 가지 자극에 대한 반응) Psychological Refractory Period(Reaction to Two Stimuli)

두 가지 자극이 갑자기 또는 매우 짧은 시간에 나타나는 상황에서, 중앙 신경계(CNS)는 최초 자극을 감지 후 이에 대한 반응을 일으키기 시작한다.
첫 자극의 반응 프로그래밍이 끝난 후에야, 두 번째 온 자극에 대한 대응 반응을 할 수 있다.

…Pashler(1993/94)에 따르면, 한 번에 하나의 동작만 관리할 수 있으므로 2번의 충격 상황에서 응답 선택 초기 단계에서 임시 병목 현상이 발생된다. 그 결과, 두 자극 사이의 시간이 매우 짧으면(약 60ms) 이 지연은 더욱 길어진다. 그래서 라인이 만들어지게 된다.
2회의 자극 중, 두 번째 자극에 대한 반응 지연은 인간 성능에서 중요한 현상이며 심리학적 不應期(PRP)로 정의되었다.

12 커플 포지션의 종류

1) 클로즈 포지션(Close Position)

이 자세는 사교대스에서 홀드할 때 사용되는 기본 포지션이다. 사교댄스에서 블루스의 기본자세이며 남자의 오른쪽과 여자의 오른쪽 바디가 가까이 위치한다. 따라서 남자와 여자의 왼쪽은 상대와 널어지고 어깨와 관절은 서로 간에 평행을 유지해야 한다.

2) 클로즈드 포지션(Closed Position)

이것은 댄스스포츠에서의 홀드 기본 위치이다. 여자의 오른쪽 사이드와 남자의 오른쪽 사이드가 컨택한다. 따라서 남자와 여자의 왼쪽은 접촉하지 않고 어깨와 엉덩이는 평행을 유지한다.

3) 피피 포지션(Promenade Position)

이 포지션에서 컨택 위치는 남자의 오른쪽과 여자의 왼쪽이며, V 모양이다. 두 파트너가 같은 방향으로 전진해야 할 때 사용된다(V 모양의 열린 부분으로).
프롬나드 포지션을 더 자세히 설명하기 위해 다음 예를 생각해 볼 수 있다. 클로즈드 포지션에서 시작하여 프롬나드 포지션은 남녀의 몸을 약간 회전시켜 얻을 수 있다(남성은 왼쪽으로, 여성은 오른쪽으로). 두 바디는 "V" 모양을 취하기 위해 슬라이딩 움직임이 없이

"힌지 같은" 액션으로 회전해야 한다.

4) 비켜선 포지션(Outside Partner Position)

이 위치는 클로즈드 포지션과 매우 유사하며 전진하는 파트너가 오른쪽 발로 밖으로 나가야 할 때 사용된다.

13 핸드 홀드(Hand Hold)

손을 잡는 순서	연결 완료된 후 그리고 / 또는 기능
男 왼손-女 오른손	女 눈높이에서, 손의 자연스러운 모양을 유지
男 오른손-女 견갑골	女를 지지, 앞으로 뒤로 옆으로 움직임을 지시
女 왼손-男 등 삼각근 아래쪽에 위치	女 손으로 男의 어깨를 잡아당기는 것을 피하면서, 손과 어깨의 매끄러운 모양을 보여주도록 만든다.

핸드 홀드는 남자와 여자 사이에서 다음과 같은 컨택으로 구성된다.

핸드 홀드의 일반적인 임무(General Function of Hand Hold)는 어깨를 서로 평행하게 유지하고, 남자 팔은 샤프한 라인을 만들며 레이디의 팔은 둥글게 하여, 강하고 부드러움이 함께하는 자연스러운 분위기를 만들도록 한다.

14 기타 액션 용어

1) 힐 턴(Heel Turn)

힐 턴은 오른쪽 또는 왼쪽으로의 회전이다. 첫 번째 스텝을 만드는 오른발 힐로 턴을 한다. 두 번째 스텝을 만드는 왼발은 오른발 옆에 체중 없이 붙이고, 턴이 완료된 후에 왼발로 체중을 옮기게 된다.

2) 힐 풀(Heel Pull)

힐 풀은 힐 턴의 한 유형이며 이 액션은 진행하고
있는 신체를 감속시키기 위해 사용되고 이동 방향
을 변경할 수 있다. 첫 번째와 두 번째 스텝 사이에
135° 턴이 (남여 모두 각도 동일) 이루어진다.

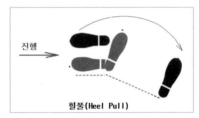

힐풀(Heel Pull)

3) 브러시(Brush)

브러시는 디디고 서 있는 발에 체중이 유지되고, 체중이 없는 발은 플로워와 접촉해 디
딘 발쪽으로 통과한 다음 멀리 이동하는 동작이다.

4) 샤세(Chasse)

샤세는 모든 댄스에서 사용되는 3개 스텝의 조합이지만 이 연속된 스텝은 하나의 액션
으로 간주될 수 있으며, 아래에 나열된 몇 가지 중요한 기술 요소가 특징이다.

• 정확한 발 모양과 발끝 방향이 브러시 액션 중에 표현되어야 한다.
• 일반적으로 드라이브 액션(Drive Action)에 이어 샤세가 실행된다.
• 샤세는 점진적인 라이즈를 사용하며, 선행 드라이브 액션의 끝에서 시작하여 샤세의
  제2보(발이 모아짐)까지 계속된다. 샤세의 마지막 스텝에서는 앞의 2보에서 도달한
  고도가 유지된다.
• 샤세가 피피 포지션(Promenade Position)에서 진행되면, 남자는 약한 왼쪽 숄더리드
  와 함께 앞으로 진행한다.
• 샤세의 이론적인 타이밍은 (2&3)이며, 첫발과 둘째발의 길이를 합한 박자 길이는 세

번째 발의 박자 길이와 같다.

5) 클로즈(Close)

클로즈는 지르박 여성 6보에서 발견되며, 일반적으로 대표적인 Waltz 휘겨의 후반부에서 발견되는 액션이다. 이 행동의 기능은 주로 한 발에서 다른 발로 체중을 변경하는 기능이므로, 결과적으로 바닥을 디디고 서 있는 발을 향해 다른 발이 다가오는 동작을 통해 이루어진다.

이 동작은 양쪽발의 Toe가 서로 접촉하여 클로즈가 완료되어야 하고, 경연 대회에서 댄스 기량을 평가할 때 매우 중요한 부분이다.

6) 와인드업(Windup)

와인드업의 사전적 의미는 야구나 소프트볼에서 투수가 공을 던지기 위한 예비동작으로 무릎과 팔을 바디 뒤쪽으로 높이 쳐드는 일이다.

댄스에서의 의미는 정적인 자세에서 움직임을 시작할 때 자주 사용한다. 이것은 바디의 로테이션(Rotation)을 바탕으로 신체의 운동량을 만들 수 있게 해 주는 신체 내에서의 동작이다.

다른 표현을 사용한다면-상체를 왼쪽으로 돌려야 할 때 미리 오른쪽으로 돌린 후 꼬아진 몸을 풀면서 왼쪽으로 돌리면 더 편하고 힘 있게 돌아가는 신체 내의 동작이다.

사교댄스에서도 부드러운 움직임을 연출하려 할 때는 이 와인드업 동작을 사용하여야 차원 높은 연출이 될 것이다.

7) 드레그(Drag)

드레그의 사전적 의미는 느릿느릿한 움직임이다. 사교댄스에서도 사용하는 용어이다.

남성이 2 혹은 4박자를 1보로 디딜 때 사용하는 액션이다.

여성과 홀드 된 상태에서 주로 사용된다.

Part 4

지르박

본 도서는 사교댄스 남성의 리드 기술과 여성이 리드에 대하여 반응하는 테크닉에 대한 세부적인 실천 정보를, 댄스스포츠의 리드와 팔로우 정보와 연계하고 경험에 의거하여 발전적으로 논하고 있다.

이 책의 내용은 사교댄스 중급과 상급 매니아분들이 참고하실 수 있는 내용이다.

다시 한번 말씀드리지만, 본 도서의 이론은 "WDSF 댄스스포츠 이론" 내용을, 사교댄스 의 이론과 휘거를 설명하는 부분에까지 연계 확장하였다.

이 책에서는 2개의 자료를 보어드리고 지르박 휘거를 설명하고 있다.

움직임의 동작을 "이미지"로 표현한 것과 또 하나는 표로 만들어서 6박자를 구체적으로 설명한 "차트"이다.

움직임의 "이미지"는 독자께서 "차트"를 해석할 때 이해를 돕기 위해 제작한 것인데, 저 자 홈페이지에 게시된 관련된 동영상을 먼저 보시면 이해에 도움이 될 것이다.

참고로 이 책의 "차트" 내용은 "WDSF 댄스스포츠 교재"에서 휘거 내용 설명 시 사용하 고 있는 "차트" 형식을 빌려서, 우리의 사교댄스 3종목의 휘거 내용을 설명하고 있다.

01 지르박의 움직임에 대한 고찰

지르박의 워킹과 음악과의 관계에 대한 다양한 방식과 여러 기술적 이론이 존재한다.
댄스스포츠의 경우에는 통일된 이론이 제시되었고 협회에 따라 약간의 이론적 차이는
존재하지만, 대체적으로 기술적 이론이 인정되고 있다.
우리의 사교댄스는 여러 관점에서 이론과 기술이 활발하게 활성화되어 있기에 고정되
고 고착되지 않는 유연한 예술적인 연출 등의 부분이 장점이라고 생각한다.

본 도서에서는 댄스스포츠의 기술적 이론을 바탕으로 저자 자신의 경험과 실전 및 다양
한 학생 지도 시 모아진 정보를 통해, 사교댄스의 워킹·리드·텐션 등의 이론을 설명하
고 있으며, 여러분이 사교댄스를 하실 때 이 책의 내용을 참고하시면 도움이 될 것으로
사료된다.

이렇게 말씀드리는 것은-본 도서에서 이론을 설명하고 있지만, 사교댄스에서 아직 이론
과 휘겨의 내용이 통일되지 않았기 때문에, 다른 분에게는 이견(異見)이 있을 수 있다는
점을 강조하는 것이다.

사교댄스 이론과 휘겨 기술을 바라보는 관점에서, 이 책의 설명이 독자의 생각과 다르
다고 판단하시는 것은 "그 생각도 맞다"라고 저자는 말씀드리는 것이고-이 책에 전개되
는 내용은 예술적 분야의 도서이므로, "이 책의 내용을 다른 관점에서 해석을 하고 의견
제시를 하는 것은 당연한 의견이다"라고 생각하며 그 의견도 맞다고 말씀드리며 본 저
서를 "참고하는 정보"로 생각하시고 읽어 주시면 감사하겠다.

1) 지르박 춤의 움직임 3규칙

지르박 댄스는 여러 스타일이 있지만 이 책에서는 주로 일자춤을 기준으로 내용을 구성하였다.

지르박 음악에 커플이 움직이는 방식은 다른 댄스 종목과 비슷하다.

① 일자 지르박은 기본적으로 3개 차선 위에서 진행한다고 생각하자. 여성은 주로 2차선으로 왕래를 한다(바레이션 수준의 휘겨에서는 그렇지 않다).

② 여성은 2차선이 비어 있으면 6박 기본 베이직(일자) 워킹을 진행한다.

③ 여성은 2차선에 남성이 위치해 있으면 그 앞까지만 진행하고 남성의 리드에 따라 다음 동작을 진행한다. 남성이 앞에 위치해 있다고 그 남성을 비켜가며 직진 진행하지 말아야한다.

2) 지르박 음악과 체중이동

지르박 음악은 4/4박자이며 요즈음 무도장 등의 현장은 1분에 36-40마디의 다소 빠른 속도일 때도 있다.

지르박 음악의 리듬은 "쿵-짝-쿵-짝-쿵-짝"으로 표현할 수 있다.

6박자에 남성은 4보로, 여성은 6보(4보로 진행도 가능)로 진행된다.

효과적인 지르박 춤을 즐기기 위해서는 체중이동의 정확한 실천이 중요하며, 직접적으로 표현해 보면, 1박자의 길이 중 제일 앞부분(초입)에서 체중의 이동이 완료되도록 무빙하는 것을 권한다.

이미지 A가 박자 초입에 체중을 완료(발이 모아지는 시점)하는 것을 보여 주고 있다. 이미지 B는 박자의 중간 지점에서 체중을 완료하고 있다. 이 두 이미지의 큰 차이점은, 움직임 중에-A의 경우 바디의 근육을 사용할 수 있으며 B의 경우는 그렇지 않다는 것이다.

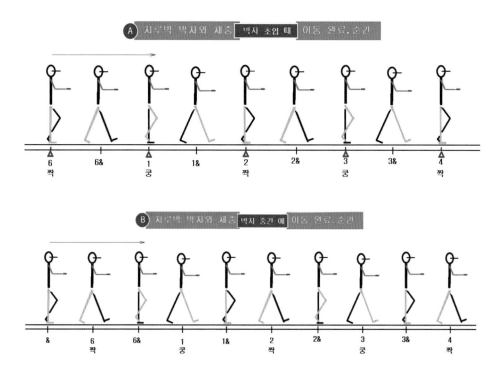

한 박자의 초입에 체중이동이 완료가 되어야만 한다는 점은 매우 중요한 몇 가지 포인트가 있다. 박자 초입에 체중이 완료가 되면,

- 파트너에게 바디 리드를 보낼 수 있는 조건이 준비가 된 것이다.

- 팔로워는 이 자세가 갖추어졌을 때 상대의 리드 내용을 수신하고 반응할 수 있게 된다. 특히, 남성이 4보 베이직(소위 찍는 스텝)에서 2박자 1보 진행 시 더욱 안정적인 무빙이 확보된다.

- 박자 초입 이후부터 박자 끝까지의 움직임에 여유가 있다.

- 자유로운 리드와 다양한 컨트롤이 가능하다.

- 몸으로 박자를 타고 리드미컬 한 춤을 표현할 수 있다.

- 올바른 자세로 무빙하는, 반듯한 춤을 보여 주게 된다.

3) 박자 초입에 체중이동 완료 워킹 연습 방법

① 앞에서 언급된 바른 자세와 올바른 시선처리가 필요하다.

② "사교댄스 워킹"에서와 같이 정확한 걷기의 실천이 필요하다.

③ 선행 박자 후반부에서부터 목표 박자의 초입에 발을 모으기 위하여 들리는 박자를 정확히 분석하고 무빙을 연습해야 한다.

지르박 워킹 세부 동작 이미지를 보며 사례를 설명코자 한다.

▲2짝에 발을 모아 체중을 완료시키기 위하여 ▲1쿵에서 발을 모았다. 이후 ▲2짝에 발을 모으겠다는 강한 의도하에 "2의 박자 초입"까지의 길이(시간)를 음악을 들으며 예상해야 한다.

목표를 향해 바디와 발이-1&(센터 밸런스)를 지나고, X1 오른발이 바닥을 디디게 된다. 이때 왼발은 아직 뒤에 있게 되며(많은 분들이 이때를 2짝 박자로 생각한다.) 시간이 진행되어 오른발 옆을 왼발이 통과하게 되는데, 이 순간이 "▲2짝"이 되며 스피커에서 폭발하는 "짝" 순간에 해당한다.

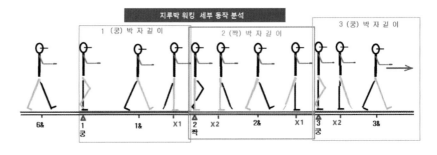

지루박 워킹 세부 동작 분석

"▲2짝"에 체중이 완료되면, 거의 같은 순간 빨간 글자 X2의 상황이 된다.

음악의 진행 속도가 매우 빠르기에 "▲2짝"과 "X2"는 거의 같은 순간으로 볼 수 있으며 "체중이동이 완료된 상태"로 보아도 무방할 것이다.

다른 표현을 빌리면, TV 영상에서 소련 군인의 행사 때 걷는 모습은 한 발로 디디고 다른 발은 앞으로 뻗고 있는 동작이 "X2"의 모양이다. 즉, 체중이동이 완성된 상태이다.

4) 여성의 체중이동 완료

남성과 여성의 박자 개념은 동일하다. 여성은 남성의 리드에 반응하기에 기계적인 박자 개념을 극복해서 생각해야 한다.

지르박 6박자의 움직임에서 가장 중요한 것은 여성이 방향 전환을 끝내고 새로이 전진 하게 되는 카운트 1이다.

음악에 근거한 지르박을 즐길 때, 카운트 1~6 중에 카운트 1은 기준이 되는 박자이다. 춤 을 출 때 예술적 연출을 위해 박자를 늘이거나 줄이는 등 폭넓은 예술성을 보여 주게 된 다. 그러나 카운트 1은 박자를 늘이고 줄임에 있어서도 기준축이 되는 박자 개념이다.

즉, 카운트 1은 음악의 흐름에 있어서 커플의 무빙에 기준점이 되는 것이기에 항상 정확 하게 표현해 주며 춤을 추는 것을 권한다.

참고로, 더 깊은 예술적 연출 시 카운트 1도 셔플타이밍(박자의 예술적 변형) 영역에 들 어가는 것은 예외로 한다.

5) 지르박에서의 손 잡는 방법과 무빙

■ 손을 어떻게 잡을 것인가?

남성과 여성이 음악에 맞추어 무빙하는 것은-서로 연결된 손을 통해서 시작된다.

지르박은 남성과 여성이 복잡한 몸동작을 행하며 같이 진행하고 돌고 회전을 멈추어 주 고 하는 액션을 실행해야 한다. 이때 서로 잡은 손 연결이 고착되어 있다면 서로 편하게 움직일 수 없을 것이다. 서로의 손 연결은 필수 이지만 다음의 이미지와 같이 서로 손 연결이 되어 있지 않는 느낌이 들어야 본인의 몸동작을 편하게 연출할 수 있을 것이다.

손을 잡아야 여성을 리드할 수 있다고 생각하는 분도 있다.

저자의 리드 방식은 상대를 움직이게 하는 것은 바디로 하는 것이라고 생각한다. 춤을 추다 보면 꼭 필요한 경우에 한해서는 여성의 손을 꼭 잡고 리드하는 경우도 있지만 보편적으로는 옆의 이미지와 같이 여성을 편하게 놓아준 상태에서 리드를 진행해야 좋을 것이다.

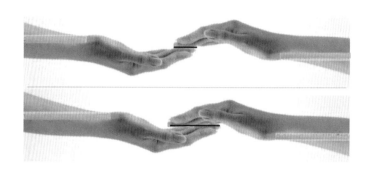

내가 여성의 손을 잡는 순간 나의 몸은 긴장이 되며-쭉 펴졌던 바디는 긴장으로 인해 스트레칭이 해제될 것이고-하체 역시 긴장으로 자연스런 워킹보다는 보폭이 좁은 걸음이 연출될 것이다.

그것으로 인해 나의 민첩한 동작이 느려지게 되는 원인이 될 수도 있다. 이러한 내용과 관련하여, 댄스를 하며 바디가 구부러진 경우, 손의 홀드 문제를 점검해 볼 필요가 있다.

■ 움직임은 박자 관리가 중요하다

남성과 여성은 음악의 6박자 안에서 절도 있고 부드럽고 보기 좋고 고무줄과 같이 탄력 있게 춤을 즐겨야 한다.

저자가 자주 언급하는 표현이 있다. 사교댄스를 출 때 그 커플은 TV 드라마에 출연한 연예인으로 생각하고, 본인이 그 주인공 역할을 하고 있다고 생각하고, 춤을 잘 추어야 할 것을 강조한다.

춤추는 그 장소에는 그 시간에 잠시 쉬는 매니아께서 연출하고 있는 움직임을 집중해서 보고 있으며, 그 보이는 장면에서 휴식을 취하기도 하고 스트레스를 해소하기도 하고, 보며 공부하기도 하고, 평가하기도 한다.
즉, 나의 춤 내용이 제3자에게 직접적인 영향이나 공감 등을 주기에 잘 배워야 함을 강조한다.

6박자를 진행함에 있어서 원칙적인 박자 개념은 중요하다.

그 베이직 박자 개념 위에서 지르박의 춤을 즐기기 위해 탄력적인 박자의 운영이 필요하게 된다.

남성 리드는 카운트 1에 여성과 같이 체중을 완료하게 된다.
이후 카운트 2~6까지의 무빙은 탄력적이라고 생각하고 싶다.
카운트 1에 기준박자가 확인이 되었다면, 좀 더 깊은 예술적 연출을 위해 파트너가 함께 할 수 있다면, 다양한 박자 타이밍(박자 길이를 늘이고 줄이는 관리)을 능력에 맞게 사용해도 된다고 생각한다.

6) 지르박 워킹 베이직과 스무스 워킹 베이직

음악이 시작되면 어떤 종류의 춤을 추어야 하는지 노래를 들으면 판단하게 되며, 음악의 종류가 파악되면 파트너에게 예를 갖추어 목례를 한 후 남성이 리드에 들어간다.

지르박 음악은 빠른 템포이기에 여성은 6박을 디디기에 충분한 운동이 될 정도로 바쁘게 되며, 남성의 경우는 6박 음악에 4발을 디디게 되어 다소 여유가 있는 움직임을 확보할 수 있다. 다만, 여성을 리드해야 하는 과제가 있어서 여유가 있다고 표현하기에는 무리가 있어 보인다.

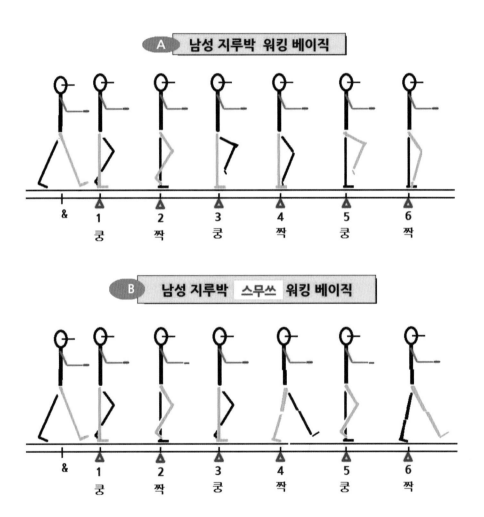

지르박을 처음 배우는 남성은 입문 시 배워야 하는 베이직이 있다. 위의 그림과 같이 "지르박 워킹 베이직"을 배우게 된다.

2번 걷고 2번 찍게 되므로, 총 6박자에 4번 체중이동이 이루어진다.

지르박 여러 고수님의 경우 위의 워킹 베이직을 사용하여 훌륭한 연출을 보여 주고 있으며, 많은 지도자님들께서도 지르박은 발을 죽이면 안 되고, 기본을 실천하며 무빙해야 함을 강조하시는 부분 저자도 적극 동감하고 있다. 그만큼 위의 그림 내용과 같이 베이직이 중요하다.

모든 일은 반복하면 여유가 스며들어 일을 추진함에 있어서 부드러워 지게 되는 경향이 있다. 춤도 같다고 생각되며, 기본적인 베이직이 봄에 익으면 파트너를 리드함에 있어서 좀 더 여유 있게 리드하게 된다.

"Smooth Walking Basic" 「스무스 워킹 베이직」은 댄스스포츠의 기술을 참고하였으며, 여러 매니아께서 이 "스무스 워킹 베이직"을 사용하고 있지만 공개적으로 이 이론이 언급되지 못한 것으로 저자는 알고 있다.

다음은 두 가지 남성의 워킹을 간략하게 분석한 표이다.

박자 카운트	1	2	3	4	5	6
다른 카운트	3	4	5	6	1	2
디디고 있는 발	右	左	右		左	
Ⓐ 베이직				왼발로 찍는다.		오른발로 찍는다.
Ⓑ 베이직				왼발이 이동 중		오른발이 이동 중
지르박 Ⓐ 베이직과 Ⓑ 베이직의 기술적 차이						

"Ⓐ 워킹 베이직"은 카운트 4와 6에서 체중이 실려 있는 발 옆을 찍는다.
"Ⓑ 스무스 워킹 베이직"은 찍지 않고 다음 스텝이 디딜 곳을 향해 진행한다.

"Ⓑ 스무스 워킹 베이직"은 4와 6카운트에서 무빙하는 발이 이동을 하고 있어서, 여성과 같이 길게 움직일 때에 유리한 방법이다.

본 서(書)는 "Ⓑ 스무스 워킹 베이직"을 사용하여 지르박의 루틴과 스텝을 설명한다.

7) 지르박 6박 진행 중 남·여 핵심적인 기술적 절차

■ 지르박 춤을 잘하기 위한 핵심적 기술
• 여성을 기준으로 남성의 위치선정: 남성이 리드를 하려는 위치
• 지르박 휘겨 진행에 대한 많은 고민과 상대에 대한 배려 액션
• 파트너에 대한 심리적 존중심과 복장이나 행동에 있어서의 예의

■ 지르박에서 중요한 포인트

	스텝	남성 무빙	여성 무빙
지르박 기본 사례 남녀 움직임 개념	1	옆 진행. 리드	리드에 반응하며 진행.
	2	옆 진행. 리드	리드에 반응하며 씨비엠, 진행.
	3	사선 진행. 리드	리드에 반응하며 씨비엠, 진행.
	4	사선 진행. 리드	회전을 완료하며, 후진. 후진 시 상체가 뒤로 "와인드업."
	5	사선 진행 후 정지. 상체는 진행 시작	정지. 상체는 후진에서 전진으로 변경 중이다.
	6	옆 진행. 리드	리드에 반응하며 발 모으고 상체 진행.

8) 사교댄스의 전진·후진·회전

남성과 여성이 하나의 몸체로 움직이는 것이 커플 댄스이다.
남성이 여성과 마주보거나 홀드하고 있는 것으로 자세를 설정하고 이때의 움직임을 살

퍼본다.

■ 전진

남성이 전진을 할 때 여성에게 미리 전진하겠다는 신호를 주고 그 후에 남성의 바디가 움직여 나가야 한다.

미리 신호를 주는 방법은 남성의 체중이 플랫에서 볼로 이동하면 남성 손을 통해 여성이 신호로 받을 수 있다.

■ 후진

남성이 후진할 때 여성에게 미리 후진진하겠다는 신호를 주고 그 후에 바디를 움직여 나가야 한다.

미리 신호를 주는 방법은 남성의 체중이 플랫에서 힐로 이동하면 남성 손을 통해 여성이 신호로 받을 수 있다.

■ 회전

서로 홀드한 자세에서, 남성이 회전을 하려 할 때는 여성에게 미리 회전하겠다는 신호를 주고 그 후에 바디가 회전해 나가야 한다.

미리 회전 신호를 주는 방법은 시선이 먼저 회전하면, 상체의 씨비엠이 만들어지고, 그것으로 여성에게 신호가 전달된다.

그 후, 바디와 하체가 회전하게 된다.

결국 커플댄스에서의 움직임은 남성이 신호를 상대에게 주고 움직이게 된다. 이것을 물리적으로 표현하면, 남성이 여성에게 텐션을 만들고-그 텐션의 강도를 유지하며-이끌고 같이 움직이는 것이라고 할 수 있겠다.

이 책에서 저자 생각을 글로 표현하고 있으며 그 내용을 이해하기 위하여 다음과 같은 내용을 참고하여야 한다.

아래 이미지는 지르박 1번이다. 지르박 1번은 1-1에서 1-4까지로 나누어 설명을 진행하고 있다.

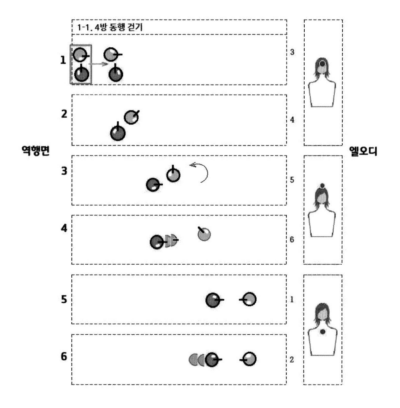

1-1번 이미지에서 보이는 분홍색 박스 안 이미지 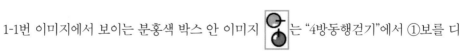는 "4방동행걷기"에서 ①보를 디

디기 전, 즉 "선행 스텝의 마지막 보"의 위치 정보이다.

이 책에서의 지르박 춤은-남성은 3차선, 2차선, 1차선으로 진행 위치를 변경하며 여성과 가까이 붙어서 춤을 추게 된다.

지르박에서 여성은 주로 2차선을 왕래한다.

이 책에서 움직임의 이미지를 해석할 때 여성을 주행 중인 차량으로 생각하시고, 그 차량은 2차선으로만 진행하게 된다.

아래 그림과 같이 여성이 역행면으로 진행 시, 여성이 2차선으로 주행 중이므로 왼쪽 차선이 1차선이 된다.

오른쪽 차선은 3차선이 되므로 아래의 사례어서 위쪽 차선을 3차선으로 이 책에서는 표현한다.

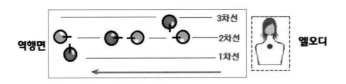

아래의 사례는, 여성이 2차선으로 엘오디를 향해 주행 중이며 왼쪽 차선은 1차선이 된다.

그림상 위쪽 차선인 왼쪽 차선이 1차선으로 이 책에서는 표현하고자 한다.

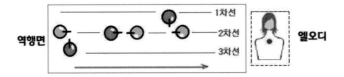

①보. 3차선에서 남성은 오른발 여성은 왼발을 디디고 있다.

②보. 남성은 오른발 옆에 왼발을 디디고, 여성은 오른발을 디디며 남성 앞을 지나가고 있다.

①보와 ②보 셀(사각) 끝에 3, 4번이 기록되었다. 저자는 지르박 출발을 카운트 1로 시작하지만, 지르박 시작을 1이 아닌 3으로 카운트하는 분도 많으며 그러한 부분과 관련해서 표시하였다.

그 뒤의 박스에 여성 상체 이미지가 보인다.

남성과 여성의 손이 신체 어디 부분을 통과하고 있는 정보를 표시하고 있다.

④보에서 남성의  이러한 이미지는 오른발을 디디고 왼발은 여성을 따라 바닥을 디디기 전까지 진행하고 있는 상황이며 ⑤보에 디딜 바닥의 위치로 바디도 같이 진행하고 있음을 보여 주고 있다.

지르박 휘겨 차트 보는 방법

지르박의 휘겨를 먼저 "이미지"로 제시하게 되고 그 이미지를 해석하는 방식으로 문자표를 사용한 "차트"를 사용하려 한다.

이 표는 "차트"이며, 활용될 문자표 의미는 다음과 같다.

스텝	(견본) 1-1: 4방 동행 걷기		바디/진행 방향/회전량/텐션			발끝 방향	무빙	번호	발 접촉	손 위치
	♥	⬆→	엘오디로 옆진행 [출발 포지션]			⊖	右↑	→	…	가슴
남 자	1	⬆→	엘오디로 옆진행 [출발 포지션]			⊕	右↑	→	❶	볼플랫	이마
	2	⬆→	〃			⊖	左↑	→	▶◁	볼플랫	이마
	3	⬆↗	중앙사로 진행	右 45	◎	右→	↗	❸	힐플랫	머리
	4	⊟↗	〃		⊕	左→	↗	∴		머리
	5	⊟◆	엘오디로 선다	右 45	⊖	左→	◆	❺	힐플랫	가슴
	6	⊟←	역행면으로 후진 [앞에선 포지션]		⊖	右←	←	…		가슴

- ♥: 스텝과 관련된 예비보를 의미한다. 위 차트에서는 선행 스텝인 6보가 해당된다.
- ⬆: 화살표 방향을 바라보고 있는 바디를 의미한다.
- ⬆→: 바디 옆의 화살표(→)는 바디가 오른쪽으로 움직인다.
- ⊟ ↗: 바디가 오른쪽을 바라보고 있는 상태에서, ↗ 오른쪽 사선으로 움직인다.
- ⊟ ◆: ◆ 이 문자표는 바닥에 발을 딱 닿고 서 있는 의미이다. 바디가 오른쪽을 바라고 있는 상태에서 한발을 바닥에 디디고 서 있음을 이야기하고 있다.
- 회전량/우 45: 오른쪽으로 45도 회전하였다.

발끝 방향	무빙	번호	발접촉	손위치
右 ↑	→	❶	볼플랫	
左 ↑	→	▶◁	볼플랫	가슴
右 ←	←	…	∴	이마

- 右 → : 오른발의 발가락 끝 방향이 화살표 방향을 바라보고 있는 의미이다.

- 右→ ／ : 오른발의 발가락 끝 방향이 오른쪽이고, 오른쪽 45도 대각선으로 발이 움직이고 있다는 의미이다.

- 左→ ◆ : 왼발의 발가락 끝 방향이 오른쪽이고, 그곳의 바닥을 디디고 서 있음을 이야기하고 있다. ◆ 문자표는 바닥에 발을 닿고 서 있는 의미이다.

- ▶◁ : 이미 디디고 서 있는 발 옆에서 다른 발로 체중이동 한다. 즉 오른발로 서 있는 상황에서 왼발이 오른발 옆으로 이동하여 왼발이 바닥을 디디고 서 있는 상황이다.

- 左→ ／ ∴ : 왼발의 발가락 끝이 오른쪽을 향하고 있고, 발의 움직임은 오른쪽 사선으로 ∴ 진행하고 있다는 의미이다. 다시 말씀드리면 바닥을 찍거나 체중을 옮기지 않고, 공중에서 움직이고 있다.

- 발접촉 볼플랫 : 발접촉/볼플랫. 바닥에 발가락이 먼저 닿고 마지막에 발 전체가 바닥에 놓임을 의미한다. 발접촉/힐플랫의 경우 처음에 뒤꿈치가 바닥에 먼저 닿고 마지막에 발 전체가 닿는다.

- 손위치 이마 : 손위치/이마. 남성과 여성의 손이 이마 높이를 지나가고 있음을 의미한다.

- 손위치 ∴ : 손위치/∴. 남성과 여성이 손을 잡지 않고 있는 상황이다.

- ⊕ ◎ ⊖ : 이 문자표는 텐션에 관해서 이야기하고 있다.

지르박에서 텐션 관리는 춤을 잘하고 못하는 기준점이 된다고 말해도 지나치지 않는다고 저자는 생각한다.

춤에서 텐션은 상대방을 움직이게 하기 위한 전제 조건이기 때문이다.
즉, 상대를 뒤로 이동시킬 때는 ◎이라는 텐션의 강도가 거의 없는 수준의 에너지 상태를 기준으로, 서로에게 체중을 기대고 있는 ⊕ 조건이 된 후에야-뒤로 이동시킬 수 있다는 것이다.

이 조건이 형성되지 않은 상태에서 밀어 버린다면, 파트너는 갑자기 예고도 없이 밀고 들어오는 힘으로 인해, 난처해지기도 하고 넘어질 수도 있고-심할 경우에는 파트너가 준비가 없는 상태에서 미는 힘 때문에-어깨나 팔의 인대를 부상당할 수도 있을 것이다.

결국 이 텐션의 원리는 커플댄스에서 두 사람이 한 몸처럼 움직일 수 있게 만들어 주는 중요한 기술이다.

◎ 텐션에 관하여

- 서로 마주보고 있을 때, 바디압력이나 손 압력이 매우 작아서-상대에게 전달되지 않는 중립(中立) 상태이다.
- 커플댄스에서 기준이 되는 압력상태이다.
- 이 상태를 만들고 난 후에야-⊕ 또는 ⊖ 텐션으로 나갈 수 있다.

• 서로가 상대방을 향하는 텐션이다.

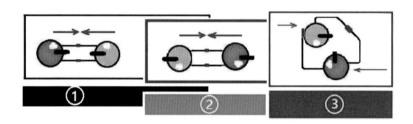

• 마주보고 있을 때 ①: ⊕ 텐션이 발생하는 경우.
  - 서로 정지상태에서, 상대를 향해 서로 미는 압력.
  - 서로 정지상태에서, 여성은 정지해 있고 남성이 갑자기 전진할 때.
  - 서로가 같은 속도로 진행하다가, 남성이 속도를 높이고 여성은 같은 속도로 변화가 없을 때.

• 등을 대고 있을 때 ②: ⊕ 텐션이 발생하는 경우.
  - 서로 정지상태에서, 상대를 향해 서로 미는 압력.
  - 서로 정지상태에서, 여성은 정지해 있고 남성이 갑자기 후진할 때.
  - 남성은 후진 여성은 전진하며 같은 속도로 진행하다가, 남성이 후진 속도를 높이고 여성은 같은 속도로 변화가 없을 때.

• 지르박 [출발 포지션] 때 ③: ⊕ 텐션이 발생하는 경우.
  - 같이 진행 중에, 남성이 옆진행을 갑자기 정지한 때.
  - 같이 진행 중에, 남성이 옆진행 시 속도를 낮추어 진행할 때.
  - 같이 진행 중에, 남성이 右옆진행 속도를 낮추며 진행한 후, 左로 옆진행.

• 서로 마주보고 있을 때, 서로 반대쪽으로 당기는 압력이다.

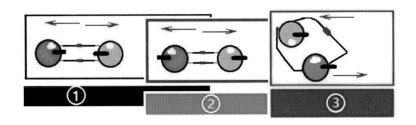

• 마주보고 있을 때 ①: ⊖ 텐션이 발생하는 경우.
 - 서로 정지상태에서, 반대방향을 향해 서로 당기는 압력.
 - 서로 정지상태에서, 여성은 정지해 있고 남성이 갑자기 후진할 때.

• 등을 대고 있을 때 ②: ⊖ 텐션이 발생하는 경우.
 - 서로 정지상태에서, 전방을 향해 움직이는 당기는 압력.
 - 서로 정지상태에서, 여성은 정지해 있고 남성이 갑자기 전진할 때.

• 지르박 [출발 포지션] 때 ③: ⊖ 텐션이 발생하는 경우.
 - 같이 진행 중에, 남성이 옆진행 속도를 갑자기 높인 때.
 - 같이 진행 중에, 여성이 전진 진행시 속도를 낮추어 진행할 때.
 - 같이 진행 중에, 여성이 갑자기 후진한 때.

04   지르박 휘겨 차트 해석을 위한 보조 영상

이 책에서 언급하고 있는 사교댄스 사례 해설을 아래 영상과 병행해서 보시길 원한다.

안내		동영상 보는 방법	
저자 Daum 카페에서 연회원 가입 후 시청가능 (연회비 : 5만 원) **[다음카페: 123a4]**	1	홈페이지에서 동영상 시청	
	2	카톡으로 영상자료 받기	문자로 요청하세요
		이메일로 영상자료 받기	
		영상 USB를 택배로 받기	

- **문자요청 : 010-9565-2652**
  - 방법 1. 카페 가입-연회원 자격 취득 후 시청
  - 방법 2. 연회비 납부-문자로 자료 발송 요청

- 책 내용 관련 질문은 카페 內 "…사교댄스 리드 완전정복"에서
- 책 내용 관련 수업 참여는 문자로 문의

05 지르박 1~10번

1번: 4방 동행 걷기

1-1: 4방 동행 걷기를 이미지로 나타낸 것이다.

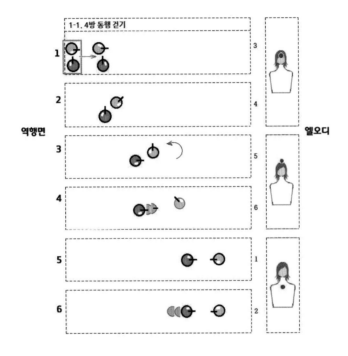

[1보]

남성 예비보를 포함한 ①보의 리드로 여성을 움직이게 하며 첫 박자 "쿵"에 남녀 모두 동시에 체중이동을 완료시킨다.

연속적으로 진행되고 있는 지르박의 여섯 박자 중에 기준점이 되는 중요한 박자는 "첫 박자 카운트 1"이기 때문에, 다른 박자에서 길고 짧게 관리하더라도 첫 번째 박자인 "쿵" 은 정확하게 그 박자에 체중을 올려놓아야 한다.

여성 ①의 "쿵" 박자 순간에 여성은 왼발로 디디고 오른발은 왼발 앞에 위치하게 된, 체중(이동)이 완료된 상태가 되어야 한다.

남 성 또 는 여 성
왼발로 체중이동이 완료된 순간 포착

즉, 체중이동을 적시에 실천하기 위하여 여성은 첫발의 경우 보폭을 좁게(평소 보폭의 반) 디뎌 체중이동을 빨리 완료할 수 있게 한다.

그 이유는 2~4보까지 연속적인 무빙을 만들어 내기 위하여 바디를 밀고 나가는 역할을 ①보가 수행해야 하기 때문이다.

바닥을 디디고 있는 왼발이 바닥을 누르면서, 바디를 앞으로 전진시켜 나아가야 한다.

[2보]

남성 ②보는 왼발을 오른발 옆에 디디며 여성이 회전하거나 진행하는 것을 리드(동작을 통해서 영향을 준다는 의미)하게 된다.

여성 ②보를 디딘 후 진행과 회전을 병행하며 ③보를 지나 ④보에 회전을 완료할 목적으로 무빙해 가야 한다. 이를 위하여 여성은 상체 씨비엠(CBM)을 이용하여야 부드럽고 아름다운 회전을 만들어 낼 수 있다.

[3보]

③보는 2차선으로 움직임이 병경되며 여성의 뒤를 향하고 있다. 남성 ③보 역시 오른발

로 바닥을 디디고 왼발은 몸 아래를 지나서 앞쪽으로 위치하여 체중이동을 완료시킨다.

그 이유는 바로 연결되는 ④보를 미리 준비해야 하기 때문이다.

이미지상 여성이 좌측으로 바디 회전하며 ③보를 디디게 된다.

여성은 ③보를 디디게 될 때에도 남성의 리드에 계속 반응하여야 한다.

여성이 반응을 하여야 한다는 것은, 남성이 바디를 움직이며 전방으로 혹은 후방이나 사선 등 여러 방향으로 진행을 하게 되는데 그 남성이 상대방에게 보내는 신호를 여성이 받으며 움직여야 한다는 것을 말한다.

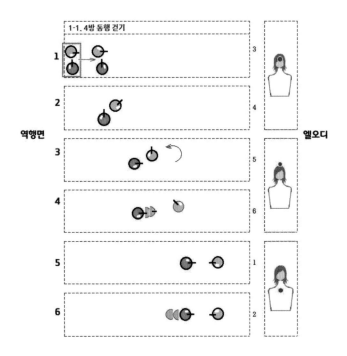

[4보]

남성은 ③보 오른발로 디디고 ④보에 해당하는 박자 구간에서는 바닥을 디디지 않고-여성이 ④보를 디디도록 바디와 팔로 여성을 리드하는 박자 구간이다.

여성은 좌측 회전을 마무리하면서 남성의 리드에 반응하고 후진하는 ④보를 디디게 된다.

[5보]

남성의 왼발은 여성을 후진시키며 바닥을 디뎠고 오른발이 몸 아래로 통과하는 위치가 ⑤ 박자 "쿵"이 들릴 것이다.

이때 차트의 [바디정렬]은 [→◆]으로 표시된다.

◆의 의미는 체중이동을 완료시키고, 뿌리가 깊은 나무와 같이 흔들림 없는 자세를 유지한다는 의미이다. 이때 바디뿐만 아니라 남성의 팔과 손목도 그렇게 유지(프레임 고정)해야 한다.

여성은 ④보를 지나고 남성이 진행 리드를 해옴에 따라 그에 반응하며 뒤로 움직이게 되고, 이어서 왼발로 바닥을 디디고 오른발은 바디 아래에 위치하는 순간 ⑤보 박자 "쿵"이다.

이때의 여성은 ⑤보 박자 "쿵" 순간 바디의 후진은 끝내는 것이며, 남성은 움직임을 멈추고 있는 관계로 여성도 이때 정지된다.

이때 여성이 몸으로 남성의 손을 잡아 다니는 것이 아니고, 여성은 체중이동이 완료 되었으므로 스스로 혼자 똑바로 서 있어야 한다.

여성 ⑤보에서 후진하는 바디가 정지과정(속도 0)을 가져야 하며, 이어서 부드러운 과정을 만들며 여성의 바디가 무빙을 시작하는 구간이다. 흡사 진짜 운동 시의 속도와 같은 무빙을 고려해야 한다.

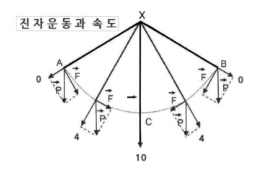

[6보]

남성은 여성을 전진시키기 위하여 조치를 취해야 한다.

이미 ⑤보에서 남성과 여성이 서로 의지하여 당겨지는 ⊖ 텐션이 만들어져 있는바, 그 에너지를 그대로 후진으로 움직이는데 연결만 하면 된다.

남성은 왼발로 디디고 있다. 그리고 여성을 전방으로 먼저 움직이는 리드를 하고 난 후- 남성도 오른발 뒤로 디디면 되고, 이후의 후행 스텝에 따라 움직임이나 리드 방식이 다양하므로 이어지는 지르박 10번까지의 사례를 통해 살펴보게 된다.

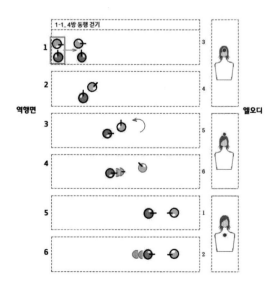

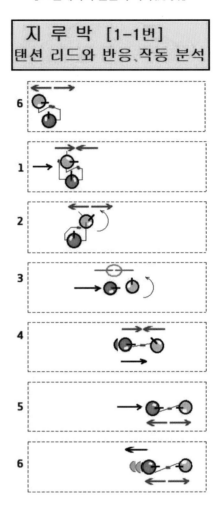

지르박을 즐길 때 커플이 하나(同體)의 움직임을 만들어 내야 하므로 남성의 [텐션 리드]와, 남성에 대한 여성의 [텐션 반응]을 살펴본다.

♥ (예비보: 선행 스텝의 마지막 보)

선행 스텝 5보에서 여성이 후진 중에 정지.

여성을 ①보를 디디게 하기 위해-전진시켜야 하므로.

남성이 ⊖ 텐션을 만들고 난 후 [전진 리드]를 사용하게 된다.

1.

여성이 전진하여 ①보 디딜 때

남성도 ①보 디디고 [프레임 고정] 상태여서 - ⊕ 텐션 작동

2.

여성을 전진시켜 ②보를 디뎌야 하므로.

남성이 ⊖ 텐션을 만들고 [전진 리드]를 사용한다.

3.

여성이 ③보 디디며 회전하고 있는 중이므로,

남성의 ◎ 텐션이 작동-[리드가 약함] 상태이다.

4.

여성은 회전을 하며 ④보를 디디는 중에 후진해야 하므로

남성이 ⊕ 텐션을 만들며 밀어주어야 하므로 [후진 리드] 사용.

5.

여성은 ⑤보가 마지막 후진이며-상체는 전진 무빙을 준비한다.

[여성이 바디 중심을 정확히 잡고. 후진 끝내고 전진을 부드럽게 연결]

남성이 ⊖ 텐션을 만들고 [정지 리드]를 사용하여 여성을 중지시킴.

6.

여성은 ⑥보 발 모을 때 다음의 ①보를 디딜 목적으로, 상체가 전진 하고 있어야 한다.

이미 5보에 ⊖ 텐션이 만들어져 있으므로, 남성은 그대로 끌고 가며 [전진 리드]를 사용하게 된다.

1-1 4방 동행 걷기				발끝 방향	무빙	번호	발 접촉	손 위치
스텝	바디/진행 방향/회전량/텐션							
남자 ♥	⇑→ 엘오디로 옆진행 [출발 포지션]	⊖	右↑	→	⋯		가슴
남자 1	⇑→ 엘오디로 옆진행 [출발 포지션]	⊕	右↑	→	❶	볼플랫	이마
남자 2	⇑→ 〃	⊖	左↑	→	▶◀	볼플랫	이마
남자 3	↗ 중앙사로 진행 / 右45	◎	右→	↗	❸	힐플랫	머리
남자 4	↗ 〃	⊕	左→	↗	∴		머리
남자 5	◆ 엘오디로 선다 / 右45	⊖	左→	◆	❺	힐플랫	가슴
남자 6	← 역행면으로 후진 [앞에선 포지션]	⊖	右←	←	⋯		가슴
여자 ♥	→ 엘오디로 진행 [출발 포지션]	⊖	右→	←	▷◀	볼플랫	가슴
여자 1	→ 엘오디로 진행 [출발 포지션]	⊕	左→	→	❶	힐플랫	이마
여자 2	↗ 〃 / 左45	⊖	右→	→	❷	힐플랫	이마
여자 3	⇑→ 〃 / 左45	◎	左↗	→	❸	힐플랫	머리
여자 4	↘→ 〃 / 左45	⊕	右↘	→	❹	볼플랫	머리
여자 5	↔→ 엘오디로 후진 / 左45	⊖	左←	→	❺	볼플랫	가슴
여자 6	← 역행면으로 전진 [앞에선 포지션]	⊖	右←	→	▷◀	볼플랫	가슴

■ 스텝 1

지르박 차트 해석의 시작은 [출발 포지션]으로 하고자 한다.

남성은 ①보를 오른발로 디디기 위하여 여성을 먼저 움직이게 리드하며 오른쪽으로 옆 진행(사이드 스텝)한다.

남성과 여성이 하나의 동체(同體) 무빙을 위하여 남성의 왼손은 여성 등을 받치고(닿고), 남성 오른손은 손가락을 바르게 편 상태로 상대 손을 잡지는 않는 상태에서 여성 오른손과 닿아 있어서, 남성의 움직임이 있으면 여성은 같이 움직일 수 있는 상태가 된다.

음악의 박자에 반응하기 위하여 남성의 바디 움직임으로-여성을 먼저 움직이게 리드한다. 여성을 확실하게 먼저 전진시키되, 여성이 첫째 박자 "쿵"에 왼발로 체중이동이 완료될 수 있도록 움직임의 속도를 조절한다.

남성은 ①보에 오른발로 바닥을 디디고 왼발이 바디아래에 위치할 때 제1보의 초입(初入. 첫 박자의 시작부분)에 도착한 것이다.

댄스를 즐길 때 음악이 끊어지지 않듯이 지르박을 진행할 때 바디도 중지하는 순간이 없는 것이다. 특별한 경우를 제외 하고는 바디뿐만 아니라 팔과 손 역시 정지하는 순간이 없어야 좋은 춤이 된다.

출발 시 손 위치는, 남성의 리드로 허리 부근에서부터 위로 움직이고 첫 박자 ①로 향해 바디가 움직일 때 얼굴 앞을 통과해야 한다.

여성은 남성의 리드로 ①을 디딘다. 이때, 바닥에 발이 닿을 때 "힐플랫"을 준수해야 한다.

사교댄스는 여성이 선녀같이 부드러운 움직임을 만들어 내는 춤이어야 좋다. 부드러운 음직임을 만들기 위해서는-[발접촉] 정보를 파악하고 힐플랫인지 볼플랫인지를 선택해서 진행해야 한다.

[발접촉] 정보는 발이 바닥을 디딜 때 롤링액션(발바닥이 공이 구르듯 움직이는 동작)을 실천할 수 있게 해 주며 그로 인해 바디의 움직임에 파워를 실을 수 있게 된다. 만약 힐

플랫을 볼플랫이나 다른 종류의 [발접촉]을 선택할 경우 에어로빅이나 뛰는 동작 등의 모션이 나타나는 결과로, 사교춤을 추기에 맞지 않는 움직임이 보이기도 한다.

여성이 남성의 리드로 ①을 왼발 "힐플랫"으로 바닥을 디디고 체중이동을 완료 했을 때, 그 순간의 정지 장면을 살펴보고자 한다.

[1보 정지 자세] 여성 ①보 박자 "쿵" = 왼발 "체중이동 완료"	
 오른발이 바디앞에 위치해 있음 ⑥ 보폭 작게 ① "쿵"	①보 체중 완료된 때, 앞에 위치한 오른발은 ②보에 "힐플랫"으로 디디기 위해 "힐"(뒤꿈치)을 바닥에 대고 버틴다. 현재 바닥을 디디고 서 있는 왼발이 바디를 힘차게 밀어주어서 ②보 오른발은 "힐플랫"을 실천하며 건너가게 된다.

이때의 정지 장면은 앞으로 진행해 나가야 할 ②~④보까지 그리고 ⑥보까지 여성이 연속적으로 무빙해 나가는 움직임을 만들게 해주는, 매우 중요한 출발 자세이다.

결국, ⑥보를 지나고 ①보를 왼발로 디딜 때 보폭을 좁혀 디뎌야 한다. 그 이유는 ①보를 디디고 체중이동을 빨리(정확한 박자에) 완성시켜서 위의 그림과 같이, ①보 "쿵"에 오른발을 앞에 위치시키기 위해서이다.

이렇게 오른발을 미리 앞에 위치시키는 자세는, 위에서 언급한 것과 같이 지금 진행하고 있는 지르박의 6박자 마디를 효율적으로 완성시키기 위한 사전적인 조치사항이라는 의미가 있다.

음악과 바디의 움직임은 끊어짐이 없이 지속적으로 움직이는 것이므로 박자를 정확히 타기 위하여 신체의 움직임도 끊어지지 않고 부드럽게 움직여야 하며 그 부드럽게 움직이는 무빙을 위해 다리가 미리미리 준비되는 것이다.

■ 스텝 2

남성은 왼발이 오른발 옆으로 이동하여 왼발로 체중이동이 완료(▶◁)된 때가 ②보 "짝"

박자 초입이다. 이 순간 오른발은 움직이는 발이 되었기 때문에 ③보가 디뎌야 할 위치로 움직이고 있어야 한다.

②보를 디디고 왼손은 여성이 움직이고 있는 바디가 회전을 만들 수 있도록 살짝 밀어주며 도움을 주어야 하고, 동시에 여성이 남성 앞을 적시에 지나가지 못하는 경우에는, 남성의 의도하에 여성을 살짝 밀어 빨리 지나가도록 리드하여-남성이 필요한 공간을 확보할 수 있어야 한다.

여성은 ①보를 왼발로 디디고 그 왼발이 바닥을 누르며 바디를 진행시키는 액션(Action)을 터뜨리고, ②보 "짝"에 오른발을 디디고 건너며 ②~④보까지 연속적으로 진행하는 움직임을 추구해야 한다.

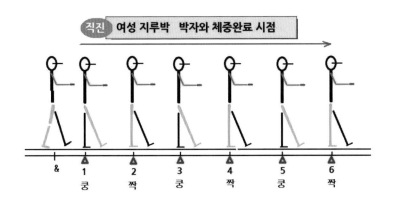

②보 "짝"에 오른발을 디디고 건너가면서 상체가 회전을 진행하고 ③보를 지나서 ④보에 상체 회전을 가능하면 완료한다는 목표로 무빙을 진행한다. 이때 회전 중이어도 남성의 리드에 반응하는 움직임(텐션에 대한 관리)이어야 한다.

다시 말씀드리면 ①보를 위해 왼발로 바닥을 디디고 오른발은 앞으로 뻗은 순간 첫 박자 "쿵" 소리가 들리도록 한다. 이때가 체중이동이 완료가 된 순간이며, 이 순간에 ①보를 디딘 것이다. (좌측 이미지 참조)

이때 바디가 진행하며 왼발은 바닥을 밀어내며 상체를 힘차게 움직이게 만들게 되며 그 힘으로 ②~④보까지 바디가 회전하며 걷게 작동되어야 한다.

■ 스텝 3

남성은 ③보를 디딜 때 여성과 같은 2차선으로 들어가야 한다.

남성 앞을 여성이 지나갈 수 있도록 ②보에서 여성에 대한 리드를 한 결과, 남성이 2차선으로 움직일 공간이 확보되었다. 남성의 ③보 초입은 오른발이 바닥을 디디고 왼발이 몸 아래에 위치한 때이다.

여성은 ③, ④보에 회전을 하며 엘오디로 진행하고 있다.

여성 ③보의 회전은 ①보 왼발이 바닥을 누르며 바디를 진행시키고 또 ②보 오른발이 바닥을 힘차게 밀어준 결과로 ③보인 왼발이 바닥을 디딜 때 상체가 회전하도록 여성 본인의 몸을 조작하고 작동되게 조절하여야 한다.

그 결과로 ④보까지 회전 에너지가 연결되도록 노력해야 한다.

■ 스텝 4

남성 ④보 왼발은 바닥을 찍지 않고 여성을 리드하며 ⑤보가 디딜 위치로 (공중에서) 이동하는 시간이다. 이것이 앞에서 저자가 소개하였던 "남성 스무스 베이직"(Smooth Basic)이다. [아래그림 참조]

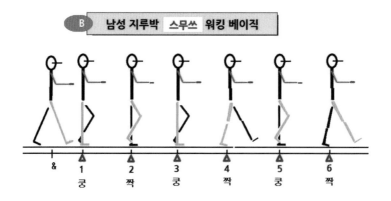

이 베이직을 사용한다면 남성의 바디는 중지함이 없이 지속적으로 움직임을 도모할 수 있으며, 여성이 움직이는 길이만큼 남성도 똑같은 길이를 움직이는 데에 무리가 없을 것이다.

이때 남성은 오른발 한 발에 ③, ④ 2박자가 할당되었으므로 시간적인 여유가 생겨났다. 남성은 이 여유시간을 여성을 리드하는 동작에 더욱 세밀하게 집중하고 또한 여성의 움직임만큼 같이 움직일 수 있도록 노력하여야 한다.

여기서 남성과 여성에게 제일 중요한 리드(액션, Action)을 언급하고자 한다.

남성은 여성이 후신하도록 ④보에 바디를 진행시키며 팔로 확실하게 후진 리드(⊕ 텐션)가 전달되도록 직접적인 신호전달을 해야 한다.

그 신호전달로 인해서 다음에 오는 ⑤보 리드가 연결될 것이다.

여성은 ③보에 이어 ④보에 엘오디로 진행하며 회전을 마무리하고 좌측에 보이는 이미지에서-위의 그림, 여성 "4짝" 순간이 이에 해당한다. 이 동작을 보면 여성이 ④보 체중을 완료한 순간에, 오른발은 바닥을 디디고 왼발은 뒤로 보낸 것을 볼 수 있다. ⑤보를 디딜 위치로 왼발이 이동되었으며 이 순간이 ④보 체중을 완료한 것이다. 이렇게 하면 음악에 맞추는 움직임의 동작이 매우 여유롭게 이루어질 것이다.

물론, 여성이 ③, ④보 회전을 하고 있는 동안이나 회전 마무리하는 중에 남성이 보내는 리드(텐션)에 끊임없이 반응하며 무빙을 해 나가야 한다.

여성의 ④보에서 남성은 여성이 뒤로 진행하도록 팔로 후진 리드(⊕ 텐션)를 하게 되며 이 리드에 잘 반응하여서 ◎ 텐션에 이어서 ⊖ 텐션을 남성과 함께 만들어 내야 한다.

이러한 상황을 만들어 내기 위해서는 남녀 모두 댄스 기본자세인 혼자 정확히 체중이동을 완료한 상태로 움직임 없이 서 있는 자세가 되어야 한다.

■ 스텝 5

남성의 ⑤보 리드는-여성이 후진하고 있는 중에 정지시키는 ⊖ 텐션을 남성이 발생시키는 것이고-그로 인한 정지가 여성의 ⑤보가 된다.

남성 ⑤보 초입에 왼발로 바닥을 디디고 오른발은 바디 아래에 위치시켜 하나의 거대한 거목(巨木)같이 무겁게 서며 체중이동을 완료한다.

④보에서 여성에게 후진 리드(⊕ 텐션)를 하였고 ⑤보 초입에 체중이동을 완료하게 되면, 압력이 0인 ◎ 텐션 과정을 보내게 되고 자동적 현상으로 여성과는 ⊖ 텐션이 발생하게 된다.

여성은 ④보에서 남성의 푸시 리드(⊕ 텐션)를 받아 후진하게 되었고, 여성이 후진하고 있을 때 남성이 갑자기 ⑤보 초입에 체중이동을 완료하며 진행을 멈추었다. 이 순간의 여성은 진행 중이므로 남성의 정지 리드(⊖ 텐션)로 멈추어 서게 된다. 이때가 여성은 ⑤보 초입이 된다.

여성의 ⑤보는 지르박에 있어서 중요한 지점이 된다.

여성에게 ⑤보는 후진의 마지막 지점이다. ⑥보에서도 후진한다면 다음 마디의 카운트 ①에 바닥을 디디는 것은 늦어질 것이며, 이러한 상황에서 남성은 여성이 "무겁다"는 표현을 하게 된다. 즉, 박자진행이 늦다는 의미이다.

앞에서도 언급하였지만, 6박의 진행에서 기준되는(지켜야 하는) 박자는 카운트 1(제1보)이다. 이 박자를 지키기 위해서는 여성이 어렵지만 다음과 같은 공부를 하면 좋을 것으로 생각한다.

여성이 ⑤보를 디디고 난 후 ⑥보는 앞에 위치해 있는 오른발을 끌어와 왼발 옆에서 오른발로 체중을 변경(▶◁)하게 된다.

⑤보를 디디고 난 후 남성에 의해 정지 리드를 받은 그 순간-여성의 상체는 최대한 후진 동작을 행한 후, 그 동작의 반작용으로 상체가 전방으로 무빙을 시작하게 하는 근육의 사용(테크닉)이 필요하다. 이 액션은 후행의 ⑥보, ①보를 진행시켜야 하는 무빙을 만들어 내는 원천이다.

지르박에서 남성의 ⑥보는 매우 중요하고 의미 있는 액션을 해야 하는 곳이다.

지르박에서 ①보는 6박자의(지르박의 마디) 기준박자이며 이 기준박자를 만들기 위해서 남성의 ⑥보에서 여성 움직임을 적극적으로 리드하여야 한다.

즉, 남성의 ⑥보는 여성과 함께 지르박의 6박을 위해 출발하는 구간이다.

남성의 ⑥보는 여성이 후진하였던 방향을 의도적으로 바꾸며 여성이 앞으로 진행하도록 리드하고 이어서 남성과 여성이 가까이에서 마주 보고 서는 위치를 만든다.

⑤보에서 ⊖ 텐션이 만들어졌으므로 그 ⊖ 텐션 강도를 그대로 유지하며 남성이 프레임을 유지한 채 뒤로 무빙하게 되면, 여성은 의도대로 전진 무빙하게 된다.

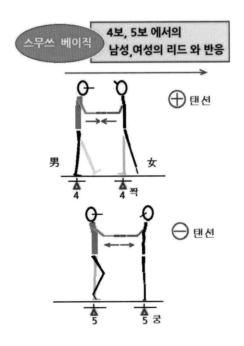

여성의 ⑥보는 남성의 강한 리드에 반응하여 같이 움직임을 시작하는 중요한 액션이다.

⑤보에 후진하던 상체 방향을 변경시켰으며 ⑥보에서는 변경된 방향 진행력을 부드럽게 연결하며 강한 무빙을 만들기 위하여 후행 스텝인 ①보를 향해 전진한다.

1-2: 4방 동행 걷기를 이미지로 나타낸 것이다.

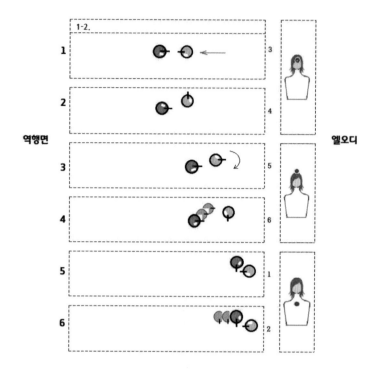

■ 스텝 1: 역행면으로 후진

여성을 먼저 확실히 움직인 후 남성이 후진한다.

후진 시 손은 허리에서 가슴으로 올라가는 무빙을 만든다.

■ 스텝 2: 직진 여성을 머리 위에서 막아 돌리기

여성이 앞에 다가설 때 손을 가슴에서 여성 이마 앞 위치까지 움직여 부드럽게 올려 막는다.

■ 스텝 3: 엘오디로 여성을 따리 진행

엘오디로 전진 이동하고 여성의 회전을 관찰한다.

■ 스텝 4: 출발 포지션으로 바디 ∴

회전이 마무리될 즈음 여성이 후진하도록 리드한다.

왼발은 사선앞으로 ∴ 진행.

■ 스텝 5: 벽을 보고 정지

왼발로 확고히 서고 여성의 후진을 중지시킨다.

■ 스텝 6: 역행면으로 바디 옆…

발생된 ⊖ 텐션을 유지하며 그대로 여성이 전진하도록 바디로 리드한다.

스텝		1-2. 4방 동행 걷기		발끝 방향	무빙	번호	발 접촉	손 위치
		바디/진행 방향/회전량/텐션						
남자	1	⊟→←	역행면으로 후진	⊕	右→	←	❶	볼플랫	이마
	2	⊟→←	엘오디로 전진준비	⊕	左→	←	▶◁	볼플랫	이마
	3	⊟→	엘오디로 전진	◎	右→	→	❸	힐플랫	머리
	4	⊟↗	중앙사로 진행	右 90	⊕	左→	↗	∴		머리
	5	⊕◆	벽을 향해 선다 [출발 포지션]	⊖	左↓	◆	❺	볼플랫	가슴
	6	⊕←	역행면으로 옆진행	⊖	右↓	←	…		가슴

■ 스텝 1: 역행면으로 전진

여성의 왼발이 전진하면, 남성이 앞을 막았다. 회전을 준비한다.

■ 스텝 2: 남성이 전방에서 막아섰음-회전을 시작

우회전을 하며 출발지점으로 복귀하기로 계획한다. 회전 시 바디전체가도는 통회전보다는 머리와 어깨가 먼저 회전하며 진행한다.

1-2. 4방 동행 걷기					발끝 방향	무빙	번호	발 접촉	손 위치
스텝		바디/진행 방향/회전량/텐션							
여자	1	⬅←	역행면으로 전진		⊕	左←	←	❶	힐플랫	이마
	2	⬆C	우측 턴	右 1회전	⊕	右↑	C	❷	볼플랫	이마
	3	➡C			◎	左→		❸		머리
	4	⬇C			⊕	右↓		❹		머리
	5	➡→	엘오디로 후진 [출발 포지션]		⊖	左←	→	❺	볼플랫	가슴
	6	⬅←	역행면으로 진행		⊖	右←	→	▷◀	볼플랫	가슴

■ 스텝 3: 회전하며 출발지점으로 복귀 중

왼발은 중앙(얼라이언먼트)을 향해 놓고 거의 제자리에서 스위블(Swivel) 회전한다.

■ 스텝 4: 회전을 완료하며 후진 준비

오른발 축으로 회전을 완료하며, 남성의 전진 리드에 반응하며 후진준비.

■ 스텝 5: 역행면 보며 후진

왼발 뒤로하고 바디 후진하며 왼발 디디면 후진은 끝.

하체와는 별개로, 즉시 상체는 전진할 수 있도록 무빙한다.

■ 스텝 6: 역행면으로 바디 진행

오른발이 왼발 옆에 와서 디디면(▷◀) 상체가 전방으로 기울어진 상태이므로-바디 전

진은 자동으로 이루어진다.

1-3: 4방 동행 걷기를 이미지로 나타낸 것이다.

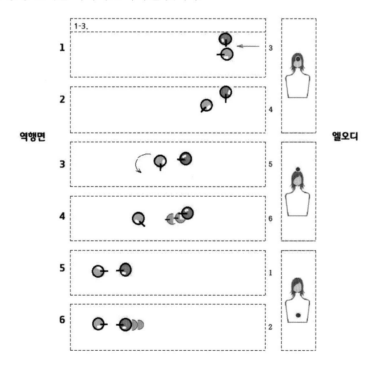

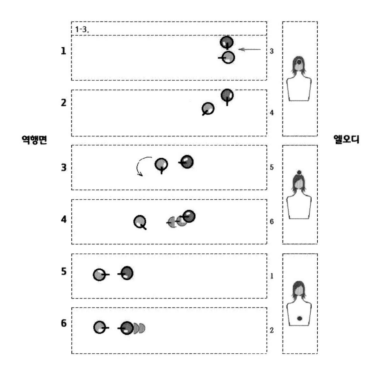

■ 스텝 1·2: 역행면으로 옆진행

①, ②보에 여성을 진행시키고, 회전을 도와주며 진행한다.

■ 스텝 3·4: 바디 진행하며 2차선에 진입

③보에 여성의 회전을 위해 밀어주고, 뒤를 따른다. ④보에 여성을 후진시키기 위해 부드럽게 진행 리드한다.

■ 스텝 5·6: 역행면 보고 왼발 디디며 정지

⑤보에 왼발로 확고히 서고 그 힘으로 여성 후진을 정지시킴.

⑥보에서 여성을 부드럽게 전진시킨다.

■ 스텝 1·2: 남성의 리드에 반응하며 역행면으로 전진

여성 ①보를 디딘 왼발이, 바닥을 밀어내며 ②보를 디디는 동시에 바디가 좌회전 하도록 연결시킨다.

■ 스텝 3·4: 여성 베이직 워킹(진행 및 회전) 하며 회전을 완료

②보를 디디고 있는 오른발이, 바닥을 밀어내며-③, ④보를 디딜 때 바디의 회전이 진행되고 완료될 수 있도록 ②보와 ③, ④보를 연결한다. 여성이 회전할 때 남성의 리드를 잘 관찰해야 하며, ④보에서 남성의 전진 무빙으로 후진한다.

■ 스텝 5·6: 역행면으로 후진

④보에서 후진하였고, ⑤보 왼발 디디며 뒤로 무빙을 정지한다.

⑥보 오른발 디디며 남성의 리드에 반응하며 전진한다.

1-3. 4방 동행 걷기				발끝 방향	무빙	번호	발 접촉	손 위치
스텝		바디/진행 방향/회전량/텐션						
남자	1	⇕←	역행면으로 옆걸음 [출발 포지션]	⊕	右↓	←	❶	볼플랫	이마
	2	⇕←	역행면으로 옆걸음	⊖	左↓	←	▶◁	볼플랫	이마
	3	⇔↙	역벽사로 진행	◎	右←	↙	❸	힐플랫	머리
	4	⇔↙	〃	⊕	左←	↙	∴		머리
	5	⇔◆	역행면으로 선다 [앞에선 포지션]	⊖	左←	◆	❺	힐플랫	가슴
	6	⇔→	엘오디로 후진	⊖	右←	→	⋯		복부
여자	1	⇔←	역행면으로 전진 [출발 포지션]	⊕	左←	←	❶	힐플랫	이마
	2	◇←	〃	⊖	右←	←	❷	힐플랫	이마
	3	⇕←	〃	◎	左↙	←	❸	힐플랫	머리
	4	◇←	〃	⊕	右↘	←	❹	볼플랫	머리
	5	⇨←	역행면으로 후진 [앞에선 포지션]	⊖	左→	←	❺	볼플랫	가슴
	6	⇨→	엘오디로 전진	⊖	右→	←	▷◀	볼플랫	복부

1-4: 4방 동행 걷기를 이미지로 나타낸 것이다.

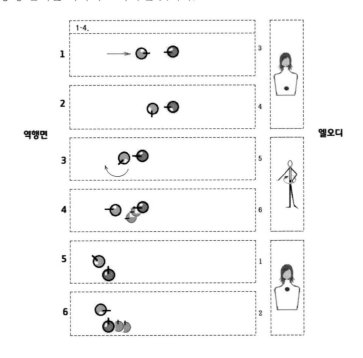

■ 스텝 1·2: 엘오디로 후진

요번 "마디"는 우리가 보통 알고 있는 "뿌리기" 휘겨에 해당한다.

①보 후진, ②보에서 여성의 전진을 막으며 여성이 회전하도록 리드한다.

■ 스텝 3·4: 역행면으로 전진

③보에 여성의 회전을 확인하며, 전진한다. ④보에 여성의 회전완료를 관찰, 여성 손이 닿은 경우 후진 리드하고 출발 포지션으로 무빙한다.

■ 스텝 5·6: 출발 포지션으로 마무리

⑤보에 중앙을 보고 왼발로 확고히 서며 여성을 잡는다.

⑥보에서 여성을 부드럽게 전진시킨다.

1-4. 4방 동행 걷기					발끝 방향		무빙	번호	발 접촉	손 위치
스텝		바디/진행 방향/회전량/텐션								
남자	1	⇔→	엘오디로 후행		⊕	右←	→	❶	볼플랫	복부
	2	⇔→	역행면으로 전진준비		⊕	左←	→	▶◁	볼플랫	복부
	3	⇔←	역행면으로 전진		⊚	右←	←	❸	힐플랫	÷
	4	⇔↙	역벽사로 진행		⊚	左←	↙	∴		
	5	⇑◆	중앙을 향해 선다 [출발 포지션]	右 90	⊖	左↑	◆	❺	볼플랫	가슴
	6	⇑→	엘오디로 옆진행		⊖	右↑	→	···		가슴
여자	1	⇨→	엘오디로 전진		⊕	左→	→	❶	힐플랫	복부
	2	⇩C	우측 턴	右 1회전	⊕	右↓	C	❷	볼플랫	복부
	3	⇦C			⊚	左←		❸		÷
	4	⇑C			⊚	右↑		❹		
	5	⇨←	역행면으로 후진 [출발 포지션]		⊖	左→	←	❺	볼플랫	가슴
	6	⇨→	엘오디로 전진		⊖	右→	←	▷◀	볼플랫	가슴

■ 스텝 1·2: 남성의 리드에 반응하며 전진한 후 회전을 준비

남성의 리드로 여성 ①보를 디딘 후, 남성이 진행을 막으며 회전을 요구한다.

■ 스텝 3·4: 여성 제자리 회전 베이직 하며 회전을 완료

③보는 벽을 향해 왼발로 디디고 ④보는 오른발 제자리에서 축으로 회전하며 후진한다.

■ 스텝 5·6: 역행면으로 후진

④보에서 후진하였고, ⑤보 왼발 디디며 뒤로 무빙을 정지한다.

⑥보 오른발 디디며 남성의 리드에 반응하며 전진한다.

2-1: 왼쪽에서 들어가 마주 보기를 이미지로 나타낸 것이다.

• 남성은 ⑥보에 여성 가까이 위치해야 다음 진행의 리드가 편하다. 여성을 기준으로 남성의 위치 선정은 리드의 핵심이다.

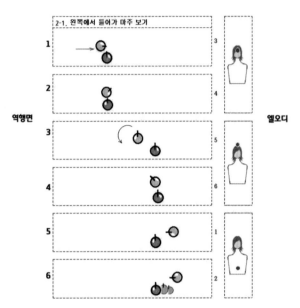

■ 스텝 1 · 2: 중앙 보고 옆진행
①, ②보에 여성을 진행시키고, 회전을 도와주며 진행한다.

■ 스텝 3 · 4: 중앙 보고 옆진행
③보에 오른발 보폭을 넓게 디디며 여성의 회전을 위해 바디가 무빙할 때 왼손으로 살짝 밀어준다.
④보는 여성이 회전을 완료할 때, 바디를 이용하여 후진시킨다.

■ 스텝 5 · 6: 중앙 보고 제자리 베이직 스텝
⑤보에 제자리에서 왼발로 확고히 서 있는 관계로 여성을 정지시키고 ⑥보에서 여성을 전진 리드한다.

2-1. 왼쪽에서 들어가 마주 보기					발끝 방향	무빙	번호	발 접촉	손 위치
스텝		바디/진행 방향/회전량/텐션							
남자	1	⇧→	엘오디로 옆걸음 [출발 포지션]	⊕	右↑	→	❶	볼플랫	이마
	2	⇧→	엘오디로 옆걸음	⊖	左↑	→	▶◁	볼플랫	이마
	3	⇧→	〃	◎	右↑	→	❸	볼플랫	머리
	4	⇧←	역행면으로 진행	⊕	左↑	←	…		머리
	5	⇧◆	중앙, 향해 선다 [역출발 포지션]	⊖	左↑	◆	❺	볼플랫	가슴
	6	⇧→	엘오디로 옆진행	⊖	右↑	→	…		복부
여자	1	⇔→	엘오디로 진행 [출발 포지션]		⊕	左→	→	❶	힐플랫	이마
	2	⬙→	〃	좌 반 원	⊖	右→	→	❷	힐플랫	이마
	3	⇧→	〃		◎	左↗	→	❸	힐플랫	머리
	4	⬙→	〃		⊕	右↘	→	❹	볼플랫	머리
	5	⬌→	엘오디로 후진 [역출발 포지션]		⊖	左←	→	❺	볼플랫	가슴
	6	⬌←	역행면으로 진행		⊖	右←	→	▷◀	볼플랫	복부

• 선행 스텝에서 ⑥보에 역출발 포지션에 위치하려 할 때는, 다음 스텝 ①보 진행을 위하여 남성과 멀리 떨어지지 않도록 거리를 조정해 주는 센스가 필요하다.

■ 스텝 1·2: 남성의 리드에 반응하며 엘오디로 전진
여성 ①보를 디딘 왼발로 바닥을 밀어내어, 바디를 진행과 회전을 만들어 내며 ②보를 지나간다.

■ 스텝 3·4: 여성 베이직 워킹(진행 및 회전) 하며 회전을 완료
②보로 바디를 가속시켜 ③, ④보까지 진행한다.

■ 스텝 5·6: 역행면으로 후진
④보에서 후진하였고, ⑤보 왼발 디디며 뒤로 무빙을 정지한다.
⑥보 오른발 디디며 남성의 리드에 반응하며 전진한다.

2-2: 왼쪽에서 들어가 마주 보기를 이미지로 나타낸 것이다.

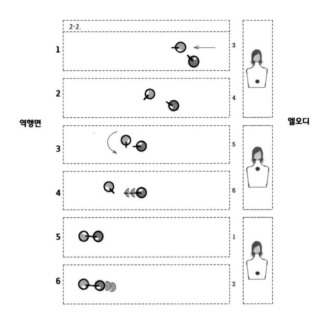

■ 스텝 1·2: 역행면으로 사이드 스텝

남성은 제자리에서 좌 45도 바디 회전하며 여성을 ①보에 전진하도록 리드한다.

②보에 오른발 디디며 여성이 남성 앞을 통과하도록 리드한다.

■ 스텝 3·4: 바디 진행하며 2차선에 진입

③보에 여성이 회전하도록 여성 팔 진행을 정지시키는 액션을 한 뒤 ④보 디딜 때 여성에게 후진 리드한다.

■ 스텝 5·6: 역행면 보고 왼발 디디며 전진 후 후진 리드

⑤보에 왼발로 확고히 서며 여성을 정지시키고

⑥보에 바디 후진하며, 여성을 부드럽게 전진시킨다.

2-2. 왼쪽에서 들어가 마주 보기					발끝 방향	무빙	번호	발 접촉	손 위치
스텝		바디/진행 방향/회전량/텐션							
남자	1	◈→	엘오디로 옆걸음	左45	⊖	右↘	→	❶	볼플랫	복부
	2	◈→	〃		◎	左↘	→	❷	볼플랫	복부
	3	⇔↖	역중앙사로 진행	左45	⊖	右←	↖	❸	힐플랫	가슴
	4	⇔↖	역중앙사로 진행		⊕	左←	↖	⋰		가슴
	5	⇔◆	역행면 향해 선다 [앞에선 포지션]		⊖	左←	◆	❺	힐플랫	복부
	6	⇔→	엘오디로 후행		⊖	右←	→	⋯		복부
여자	1	⇔←	역행면으로 전진	左반원	⊖	左←	←	❶	힐플랫	복부
	2	◈←	〃		◎	右←	←	❷	힐플랫	복부
	3	⊓←	〃		⊖	左↙	←	❸	힐플랫	가슴
	4	◈←	〃		⊕	右↘	←	❹	볼플랫	가슴
	5	⇨←	역행면으로 후진 [앞에선 포지션]		⊖	左→	←	❺	볼플랫	복부
	6	⇨→	엘오디로 진행		⊖	右→	←	▷◀	볼플랫	복부

■ 스텝 1·2: 역행면으로 전진

남성의 리드에 반응하며 여성 ①, ②보를 전진한다.

■ 스텝 3·4: 여성 베이직 워킹(진행 및 회전) 하며 회전을 완료

③보 진행 시 남성이 팔 진행을 정지시킨 결과로 여성은 ⊖ 텐션이 걸리며 회전한 결과로 ⊕ 텐션이 되었고 ④보에 후진한 결과 ⊖ 텐션으로 선다.

■ 스텝 5·6: 역행면으로 후진

⑤보 왼발 디디며 뒤로의 무빙을 정지한다.

⑥보 오른발 디디며 남성의 리드에 반응하며 전진한다.

2-3: 왼쪽에서 들어가 마주 보기를 이미지로 나타낸 것이다.

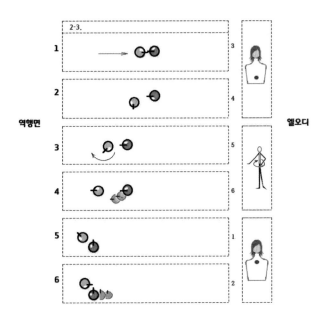

■ 스텝 1 · 2: 엘오디로 후진

요번 "1-4 마디"는 우리가 보통 알고 있는 "뿌리기" 휘겨에 해당한다.

①보 후진하며 여성의 전진을 막고,

②보에서 여성이 회전하도록 리드한다.

■ 스텝 3 · 4: 역행면으로 전진

③보에 여성의 회전을 확인하며, 전진한다. ④보에 여성의 회전완료를 관찰, 여성 손이 닿은 경우 후진 리드하고 출발 포지션으로 무빙한다.

■ 스텝 5 · 6: 출발 포지션으로 마무리

⑤보에 중앙을 보고 왼발로 확고히 서며 여성을 정지시킨다.

⑥보에 바디 옆 진행하며, 여성을 부드럽게 전진시킨다.

2-3. 왼쪽에서 들어가 마주 보기					발끝 방향	무빙	번호	발 접촉	손 위치
스텝		바디/진행 방향/회전량/텐션							
남자	1	⬌→	엘오디로 후행 [앞에선 포지션]		⊕ 右←	→	❶	볼플랫	복부
	2	⬌→	역행면으로 전진준비		⊕ 左←	→	▶◁	볼플랫	복부
	3	⬌←	역행면으로 전진		◎ 右←	←	❸	힐플랫	∻
	4	⬌↙	역벽사로 진행	右 90	◎ 左←	↙	∴		
	5	⬆◆	중앙을 향해 선다 [출발 포지션]		⊖ 左↑	◆	❺	볼플랫	가슴
	6	⬆→	엘오디로 옆진행		⊖ 右↑	→	⋯		가슴
여자	1	⬌→	엘오디로 전진 [앞에선 포지션]		⊕ 左→	→	❶	힐플랫	복부
	2	⬍C	우측 턴	右 1회전	⊕ 右↓	C	❷	볼	복부
	3	⬌C			◎ 左←		❸		∻
	4	⬍C			◎ 右↑		❹		
	5	⬌←	역행면으로 후진 [출발 포지션]		⊖ 左→	←	❺	볼플랫	가슴
	6	⬌→	엘오디로 전진		⊖ 右→	←	▷◀	볼플랫	가슴

■ 스텝 1·2: 남성의 리드에 반응하며 전진한 후 회전을 준비

①보 전진으로 왼발 디딘 후, 남성이 진행을 막으며 회전하도록 리드한다.

②보부터 바디는 회전 자세 취하며, 오른발 벽을 향해 디딘다.

■ 스텝 3·4: 여성 제자리 회전 베이직 하며 회전을 완료

③보는 벽을 향해 왼발로 디디고 ④보는 오른발 제자리에서 축으로 회전하며 후진한다.

■ 스텝 5·6: 역행면으로 후진

⑤보 왼발 뒤로 디디고, 무빙을 정지한다.

⑥보 오른발 디디며 남성의 리드에 반응하며 전진한다.

3번: 뒤로 3번 움직이고, 앞에 서기

3-1: 뒤로 3번 움직이고, 앞에 서기를 이미지로 나타낸 것이다.

• 남성은 ⑥보에 여성 가까이 위치해야 다음 진행의 리드가 편하다.

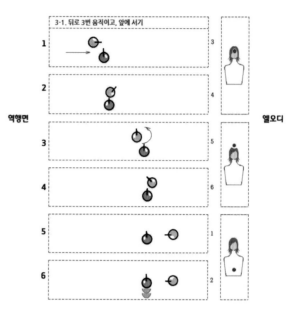

■ 스텝 1·2: 중앙 보고 옆진행

①, ②보에 여성을 진행시키고, 회전을 도와주며 진행한다.

■ 스텝 3·4: 중앙 보고 사이드 베이직 스텝

③보에 오른발 보폭을 넓게 디디며 여성의 회전을 위해 왼손으로 살짝 밀어준다.

④보는 여성이 후진해야 하므로 바디를 사용해 후진 리드한다.

■ 스텝 5·6: 중앙 보고 사이드 베이직 스텝 [역출발 포지션]

⑤보에 제자리에서 왼발로 확고히 서며 여성을 정지시킨다.

⑥보에 바디 후진하며, 여성을 부드럽게 전진시킨다.

3-1. 뒤로 3번 움직이고, 앞에 서기				발끝 방향	무빙	번호	발 접촉	손 위치
스텝		바디/진행 방향/회전량/텐션						
남자	1	⇧→ 엘오디로 옆걸음 [출발 포지션]	⊕	右↑	→	❶	볼플랫	이마
	2	⇧→ 엘오디로 무빙	⊖	左↑	→	▶◁	볼플랫	이마
	3	⇧→ 〃	◎	右↑	→	❸	볼플랫	머리
	4	⇧← 〃	⊕	左↑	←	⋯		머리
	5	⇧◆ 중앙을 향해 선다 [역출발 포지션]	⊖	左↑	◆	❺	볼플랫	가슴
	6	⇧↓ 벽으로 후행	⊖	右↑	↓	⋮		복부
여자	1	⇥→ 엘오디로 전진 [출발 포지션]	⊕	左→	→	❶	힐플랫	이마
	2	⬦→ 엘오디로 무빙	⊖	右→	→	❷	힐플랫	이마
	3	⇧→ 〃 (左 반원)	◎	左↗	→	❸	힐플랫	머리
	4	⬦→ 〃	⊕	右↘	→	❹	볼플랫	머리
	5	⇤→ 엘오디로 후진 [역출발 포지션]	⊖	左←	→	❺	볼플랫	가슴
	6	⇤← 역행면으로 전진	⊖	右←	→	▷◀	볼플랫	복부

• 남성이 ⑥보에 역출발 포지션에 위치하려 할 때는, ⑤, ⑥보에 보폭을 줄이면서 남성과 가까이 위치해 주는 센스가 필요하다.

■ 스텝 1 · 2: 엘오디로 전진

남성의 리드에 반응하며 여성 ①보를 디딘 왼발로 바닥을 밀어내어, 바디를 진행과 회전을 만들어 내며 ②보를 지나간다.

■ 스텝 3 · 4: 여성 베이직 워킹(진행 및 회전) 하며 회전을 완료

②보로 바디를 가속시켜 ③, ④보까지 진행한다.

■ 스텝 5 · 6: 역행면으로 후진

④보에서 후진하였고, ⑤보 왼발 디디며 뒤로 무빙을 정지한다.

⑥보 오른발 디디며 남성의 리드에 반응하며 전진한다.

3-2: 뒤로 3번 움직이고, 앞에 서기를 이미지로 나타낸 것이다.

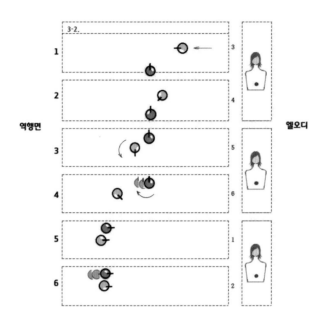

■ 스텝 1 · 2: 역출발 포지션에서 후진 스텝

후진하며 여성을 진행시키고, 남성 ②보에 왼손으로 바꿔 잡고 1차선에 위치한다.

■ 스텝 3 · 4: 바디 진행하며 2차선에 진입

③보에 여성 지나간 후, 2차선을 디디며 여성 팔이 진행하지 못하도록 남성 몸 쪽에 붙이면-여성이 회전할 때 도움을 준다.

④보에 왼쪽 사선으로 바디 무빙-3차선으로 ∴ 이동한다.

■ 스텝 5 · 6: 1차선에 이동하며 엘오디 보고 왼발 디디며 정지

⑤보에 오른손으로 바꿔 잡고, 3차선에 왼발로 서며 여성을 정지한다.

⑥보에서 후진 준비를 하며 여성을 부드럽게 전진시킨다.

3-2. 뒤로 3번 움직이고, 앞에 서기					발끝 방향	무빙	번호	발 접촉	손 위치
스텝		바디/진행 방향/회전량/텐션							
남자	1	⇕↓	벽으로 후진 [역출발 포지션]		⊖ 右↑	↓	❶	볼플랫	복부
	2	⇕↑	중앙으로 전진		◎ 左↑	↑	▶◁	볼플랫	복부
	3	⇕↑	중앙으로 진행		⊖ 右↑	↑	❸	힐플랫	복부
	4	⇧↖	역중앙사로 무빙	右 90	⊕ 左↑	↖	∴		복부
	5	⇨◆	엘오디 향해 선다 [우측 포지션]		⊖ 左→	◆	❺	볼플랫	허리
	6	⇨←	역행면으로 후행		⊖ 右←	←	…		허리
여자	1	⇦←	역행면으로 전진		⊖ 左←	←	❶	힐플랫	복부
	2	⬚←	역행면으로 무빙		◎ 右←	←	❷	힐플랫	복부
	3	⬚←	〃	左 반원	⊖ 左↙	←	❸	힐플랫	복부
	4	⬚←	〃		⊕ 右↘	←	❹	볼플랫	복부
	5	⇨←	역행면으로 후진 [우측 포지션]		⊖ 左→	←	❺	볼플랫	허리
	6	⇨→	엘오디로 진행		⊖ 右→	←	▷◀	볼플랫	허리

■ 스텝 1·2: 남성의 리드에 반응하며 역행면으로 전진

①, ②보를 디디며 전진한다.

■ 스텝 3·4: 여성 베이직 워킹(진행 및 회전) 하며 회전을 완료

③보를 디디며, 남성이 팔을 당겨 회전에 도움을 준다.

④보를 디디며 뒤로 무빙한다.

■ 스텝 5·6: 역행면으로 후진

⑤보 왼발 디디며, 뒤로 무빙을 정지한다.

⑥보 오른발 디디며, 남성의 리드에 반응하며 전진한다.

3-3: 뒤로 3번 움직이고, 앞에 서기를 이미지로 나타낸 것이다.

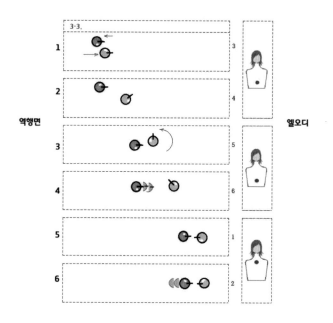

■ 스텝 1·2: 역행면으로 후진 스텝

①보는 1차선에서 후진하며, 여성을 진진시킨다.

②보는 오른발 반보 앞에 왼발 디디고 지나간 여성을 따라간다.

■ 스텝 3·4: 바디 진행하며 2차선에 진입

③보에 오른발 2차선에 디디며 팔로 살짝 당겨 여성 회전을 도와준다.

④보에 여성을 후진시키기 위해, 바디 전진 리드한다.

■ 스텝 5·6: 역행면 보고 왼발 디디며 정지

⑤보에 왼발로 확고히 디디고 여성을 정지시킨다.

⑥보에서 여성을 부드럽게 전진시킨다.

3-3. 뒤로 3번 움직이고, 앞에 서기					발끝 방향	무빙	번호	발 접촉	손 위치
스텝		바디/진행 방향/회전량/텐션							
남자	1	🔲←	역행면으로 후진	⊖	右→	←	❶	볼플랫	복부
	2	🔲←	〃	⊚	左→	←	▶◁	볼플랫	
	3	🔲↘	중앙사로 진행	⊖	右→	↘	❸	힐플랫	
	4	🔲↘	〃	⊕	左→	↘	∴		
	5	🔲◆	엘오디로 선다 [앞에선 포지션]	⊖	左→	◆	❺	힐플랫	가슴
	6	🔲←	역행면으로 후진	⊖	右→	←	…		가슴
여자	1	🔲→	엘오디로 진행	⊖	左→	→	❶	힐플랫	복부
	2	◇→	〃	⊚	右→	→	❷	힐플랫	
	3	⬆→	〃 (左 반원)	⊖	左↗	→	❸	힐플랫	
	4	◇→	〃	⊕	右↘	→	❹	볼플랫	
	5	⬅→	엘오디로 후진 [앞에선 포지션]	⊖	左←	→	❺	볼플랫	가슴
	6	⬅←	역행면으로 전진	⊖	右←	→	▷◀	볼플랫	가슴

■ 스텝 1·2: 남성의 리드에 반응하며 엘오디로 전진

①, ②보 디디며 전진한다.

■ 스텝 3·4: 여성 베이직 워킹(진행 및 회전) 하며 회전을 완료

③보를 디디며 좌회전 중에 있게 된다.

④보를 디디면 남성 리드에 반응하여 후진한다.

■ 스텝 5·6: 역행면으로 후진

⑤보 왼발 디디며, 진행하던 후진을 정지한다.

⑥보 왼발 옆에 오른발 디디며, 남성의 리드에 반응하며 전진한다.

3-4: 뒤로 3번 움직이고, 앞에 서기를 이미지로 나타낸 것이다.

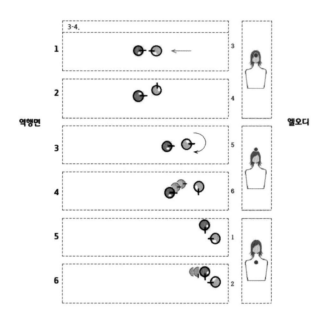

■ 스텝 1·2: 역행면으로 후진하고 막아 돌리기

⊖ 텐션의 강도를 유지하며 여성을 전진시킨 후, 여성과 마주선 위치에서 여성의 이마 앞에 손을 올려 막는다.

■ 스텝 3·4: 엘오디로 여성을 따리 진행하며 출발 포지션에 위치

여성의 회전을 관찰하며 ③보 디디고 ④보에 바디가 출발 포지션 위치로 ∴ 무빙하며 ⊕ 텐션으로 여성이 후진하도록 리드한다.

■ 스텝 5·6: 벽을 보고 디딘 후 정지 후 역행면으로 바디 옆진행

⑤보에 왼발로 디디고 서면 ⊖ 텐션 발생된다. 그 강도를 유지하며 여성이 전진하도록 사이드 무빙 …으로 리드한다.

스텝		바디/진행 방향/회전량/텐션				발끝방향	무빙	번호	발접촉	손위치
3-4. 뒤로 3번 움직이고, 앞에 서기										
남자	1	⊟←	역행면으로 후진		⊕	右→	←	❶	볼플랫	이마
	2	⊟←	엘오디로 전진준비		⊕	左→	←	▶◁	볼플랫	이마
	3	⊟→	엘오디로 전진		◎	右→	→	❸	힐플랫	머리
	4	⊟↗	중앙사로 진행	右90	⊕	左→	↗	∴		머리
	5	⬍◆	벽을 향해 선다 [출발 포지션]		⊖	左↓	◆	❺	볼플랫	가슴
	6	⬍←	역행면으로 옆진행		⊖	右↓	←	⋯		가슴
여자	1	⬌←	역행면으로 전진		⊕	左←	←	❶	힐플랫	이마
	2	⬍C	우측 턴	右1회전	⊕	右↑	C	❷	볼플랫	이마
	3	⊟C			◎	左→		❸		머리
	4	⬍C			⊕	右↓		❹		머리
	5	⬅→	엘오디로 후진 [출발 포지션]		⊖	左←	→	❺	볼플랫	가슴
	6	⬅←	역행면으로 전진		⊖	右←	→	▶◁	볼플랫	가슴

■ 스텝 1·2: 역행면으로 전진 후, 남성이 막아섰음. 회전을 시작

①보 전진하면 남성이 막고 있다. ②보를 중앙(얼라이언먼트)으로 디디며 회전을 시작한다.

■ 스텝 3·4: 회전을 완료하면 출발지점으로 복귀

③보 왼발은 중앙을 향해 놓고 ④보 오른발을 축으로 제자리에서 스위블(회전)한다. 회전을 완료하며 후진 준비한다.

■ 스텝 5·6: 역행면으로 후진

⑤보 왼발 디디며, 진행하던 후진을 정지한다.

⑥보 왼발 옆에 오른발 디디며, 남성의 리드에 반응하며 전진한다.

3-5: 뒤로 3번 움직이고, 앞에 서기를 이미지로 나타낸 것이다.

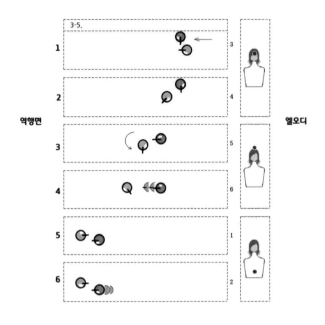

■ 스텝 1·2: 역행면으로 옆진행

①, ②보에 여성을 진행시키고, 회전을 도와주며 진행한다.

■ 스텝 3·4: 바디 진행하며 2차선에 진입

③보에 여성의 회전을 위해 밀어주고, 뒤를 따른다. ④보에 여성을 후진시키기 위해 부드럽게 진행 리드한다.

■ 스텝 5·6: 역행면 보고 왼발 디디며 정지

⑤보에 왼발로 확고히 서고 그 힘으로 여성 후진을 정지시킨다.

⑥보에서 여성을 부드럽게 전진시킨다.

3-5. 뒤로 3번 움직이고, 앞에 서기					발끝 방향	무빙	번호	발 접촉	손 위치
스텝		바디/진행 방향/회전량/텐션							
남자	1	⊕←	역행면으로 옆걸음 [출발 포지션]		右↓	←	❶	볼플랫	이마
	2	⊕←	역행면으로 옆걸음		左↓	←	▶◁	볼플랫	이마
	3	⇔↗	역벽사로 진행	右 90	右↗	↗	❸	힐플랫	머리
	4	⇔↗	〃		左↗	↗	∴		머리
	5	⇔◆	역행면으로 선다 [앞에선 포지션]		左←	◆	❺	힐플랫	가슴
	6	⇔→	엘오디로 후진		右←	→	…		복부
여자	1	⇔←	역행면으로 전진 [출발 포지션]		左←	←	❶	힐플랫	이마
	2	⬙←	역행면으로 전진		右←	←	❷	힐플랫	이마
	3	⊕←	〃	左 반원	左↗	←	❸	힐플랫	머리
	4	◇←	〃		右↘	←	❹	볼플랫	머리
	5	⇨←	역행면으로 후진 [앞에선 포지션]		左→	←	❺	볼플랫	가슴
	6	⇨→	엘오디로 전진		右→	←	▷◀	볼플랫	복부

■ 스텝 1·2: 남성의 리드에 반응하며 역행면으로 전진

①보와 ②보를 디디며 전진한다.

■ 스텝 3·4: 여성 베이직 워킹(진행 및 회전) 하며 회전을 완료

③보를 디디며 남성의 리드에 반응하며 회전한다.

④보에서 남성의 전진 무빙에 반응하며 후진한다.

■ 스텝 5·6: 역행면으로 후진

⑤보 왼발 디디며, 진행하던 후진을 정지한다.

⑥보 왼발 옆에 오른발 디디며, 남성의 리드에 반응하며 전진한다.

4-1: 어깨걸이를 이미지로 나타낸 것이다.

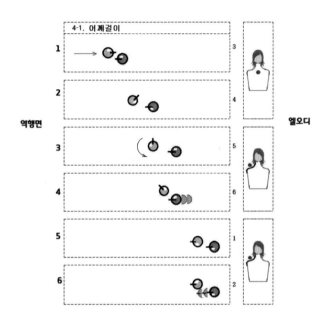

■ 스텝 1·2: 앞에선 포지션에서 엘오디로 후진

① ②보 후진한다.

■ 스텝 3·4: 엘오디로 후진

③보에서 보폭을 넓게 진행하여, 여성의 회전을 적극 유도하고, ④보에서 여성과 같이
후진한다.

■ 스텝 5·6: 뒤에선 포지션에서 후진 후 전진 리드

⑤보에 왼팔을 여성 왼쪽어깨를 막고 뒤로 무빙을 정지한다.

⑥보에서 여성의 상체가 후진 후 전진 무빙하도록 만들고, 강하게 전진 리드해 나간다.

4-1. 어깨걸이					발끝 방향	무빙	번호	발 접촉	손 위치
스텝		바디/진행 방향/회전량/텐션							
남자	1	⇔→	엘오디로 후진 [앞에선 포지션]	⊖	右←	→	❶	볼플랫	가슴
	2	⇔→	엘오디로 후진	◎	左←	→	❷	볼플랫	가슴
	3	⇔→	〃	⊖	右←	→	❸	볼플랫	어깨
	4	⇔→	〃	⊕	右←	→	…	…	"
	5	⇔◆	역행면으로 선다 [뒤에선 포지션]	◎	左←	◆	❺	볼플랫	〃
	6	⇔←	역행면으로 전진	⊕	左←	←	…	…	〃
여자	1	⇨→	엘오디로 전진 [앞에선 포지션]	⊖	左→	→	❶	힐플랫	가슴
	2	⬦→	엘오디로 무빙	◎	右→	C	❷	힐플랫	가슴
	3	⬆→	〃	⊖	左↗ (좌반원)		❸	힐플랫	어깨
	4	⬦→	〃	⊕	右↘		❹	볼플랫	〃
	5	⇔→	엘오디로 후진 [뒤에선 포지션]	◎	左←	→	❺	볼플랫	〃
	6	⇔←	역행면으로 무빙	⊕	右←	→	▷◀	볼플랫	〃

■ 스텝 1·2: 앞에선 포지션에서 엘오디로 전진

①, ②보를 디디며 전진한다.

■ 스텝 3·4: 여성 베이직 워킹(진행 및 회전) 하며 회전을 완료

③보에 남성의 리드로 회전량이 많아진다.

④보에 후진을 진행한다.

■ 스텝 5·6: 엘오디로 후진

⑤보 왼발 디디며 뒤로 진행을 정지한다.

⑥보 왼발 옆에 오른발 디디고, 남성의 리드에 반응하며 강하게 역행면을 향해서 전진한다.

4-2: 어깨걸이를 이미지로 나타낸 것이다.

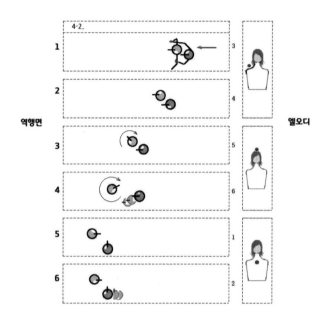

■ 스텝 1·2: 역행면으로 전진
①보에 오른팔을 왼쪽보다 더 전진시키며 진행한다.
②보 후반부에 여성 왼쪽어깨를 강하게 밀어주어 스핀을 도와준다.

■ 스텝 3·4: 여성 회전을 유도하며, 전진을 이어 나감
③보에 여성의 회전을 관찰한다.
④보에 역행면으로 여성이 후진하도록 바디 무빙한다.

■ 스텝 5·6: 출발 포지션에 위치
⑤보에 중앙을 보고 왼발로 서며 여성을 정지시킨다.
⑥보에서 여성을 부드럽게 전진시킨다.

스텝		바디/진행 방향/회전량/텐션			발끝 방향	무빙	번호	발 접촉	손 위치
		4-2. 어깨걸이							
남자	1	⇤←	역행면으로 전진		⊕	右←	←	❶	힐플랫	어깨
	2	⇤←	〃		◎	左←	←	▶◁	힐플랫	어깨
	3	⇤←	〃		⊕	右←	←	❸	힐플랫	머리
	4	⇤↙	역벽사로 진행	우 90	◎	左↙	↙	∴		머리
	5	⇧◆	중앙을 향해 선다 [출발 포지션]		⊖	左↑	◆	❺	볼플랫	가슴
	6	⇧→	엘오디로 옆진행		⊖	右↑	→	⋯		가슴
여자	1	⇥→	엘오디로 전진		⊕	左←	→	❶	힐플랫	어깨
	2	◈↻	우측 턴	우 1.5 회전	◎	右↘	↻	❷	볼	어깨
	3	⬓↻			⊕	左↓		❸		머리
	4	⇧↻			◎	右↑		❹		머리
	5	⇥←	역행면으로 후진 [출발 포지션]		⊖	左→	←	❺	볼플랫	가슴
	6	⇥→	엘오디로 전진		⊖	右→	→	▷◀	볼플랫	가슴

■ 스텝 1·2: 남성의 리드에 반응하며 역행면으로 전진

①보에 오른쪽 어깨가 더 앞으로 가며 전진한다.

②보 디디는 순간, 왼쪽 어깨가 더 빨리 진행되며 스핀액션 한다.

■ 스텝 3·4: 전진 스핀 하며 한 바퀴 반-회전을 완료

③, ④보 발 끝으로 디디며 신속하게 회전한다.

■ 스텝 5·6: 역행면으로 후진

⑤보 왼발 디디고, 뒤로 진행을 정지한다.

⑥보 왼발 옆에 오른발 디디며, 남성의 리드에 반응하며 전진한다.

5번: 등지고 뿌리기

5-1: 등지고 뿌리기를 이미지
로 나타낸 것이다.

• 남성은 ⑥보에 여성 가까이
  위치해야 다음 진행의 리드
  가 편하다.

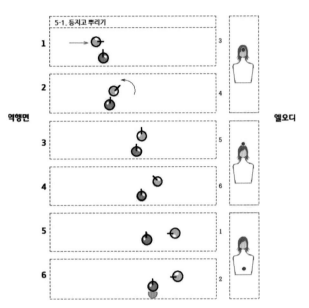

■ 스텝 1·2: 중앙 보고 옆진행
①②보에 여성을 진행시키고, 회전을 도와주며 진행한다.

■ 스텝 3·4: 중앙 보고 사이드 베이직 스텝
③보에 오른발 보폭을 넓게 디디며 여성의 회전을 위해 왼손으로 살짝 밀어준다.
④보는 여성이 후진해야 하므로 바디를 사용해 후진 리드한다.

■ 스텝 5·6: 중앙 보고 옆진행 [역출발 포지션]
⑤보에 제자리에서 왼발로 확고히 서며 여성을 정지시킨다.
⑥보에 바디 후진하며, 여성을 부드럽게 전진시킨다.

5-1. 등지고 뿌리기					발끝방향	무빙	번호	발접촉	손위치
스텝		바디/진행 방향/회전량/텐션							
남자	1	⬆→	엘오디로 옆걸음 [출발 포지션]	⊕	右↑	→	❶	볼플랫	이마
	2	⬆→	〃	⊖	左↑	→	▶◁	볼플랫	이마
	3	⬆→	〃	◎	右↑	→	❸	볼플랫	머리
	4	⬆←	역행면으로 진행	⊕	左↑	←	…		머리
	5	⬆◆	중앙, 향해 선다 [역출발 포지션]	⊖	左↑	◆	❺	볼플랫	가슴
	6	⬆→	엘오디로 옆진행	⊖	右↑	→	…		복부
여자	1	⬌→	엘오디로 진행 [출발 포지션]	⊕	左→	→	❶	힐플랫	이마
	2	⬙→	〃	⊖	右→	→	❷	힐플랫	이마
	3	⬆→	〃	◎	左↗	→	❸	힐플랫	머리
	4	◈→	〃	⊕	右↖	→	❹	볼플랫	머리
	5	⬅→	엘오디로 후진 [역출발 포지션]	⊖	左←	→	❺	볼플랫	가슴
	6	⬅←	역행면으로 진행	⊖	右←	→	▷◀	볼플랫	복부

(여자 단의 발끝방향 왼쪽 칸에 "左 반원" 표기)

• 남성이 ⑥보에 역출발 포지션에 위치하려 할 때는, ⑤, ⑥보에 보폭을 줄여 남성과 가까이 위치해 주는 센스가 필요하다.

■ 스텝 1·2: 남성의 리드에 반응하며 엘오디로 전진

여성 ①보를 디딘 왼발로 바닥을 밀어내어, 바디를 진행과 회전을 만들어 내며 ②보를 지나간다.

■ 스텝 3·4: 여성 베이직 워킹(진행 및 회전) 하며 회전을 완료

②보로 바디를 가속시켜 ③, ④보까지 진행한다.

■ 스텝 5·6: 역행면으로 후진

④보에서 후진하였고, ⑤보 왼발 디디며 뒤로 무빙을 정지한다.

⑥보 오른발 디디며 남성의 리드에 반응하며 전진한다.

5-2: 등지고 뿌리기를 이미지로 나타낸 것이다.

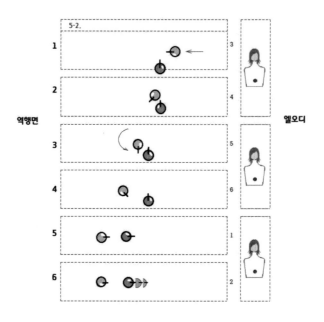

■ 스텝 1·2: 역출발 포지션에서 후진 스텝

①보 후진하며 여성을 진행시키고, ②보에 왼손으로 바꿔 잡는다.

■ 스텝 3·4: 바디 진행하며 2차선에 진입

③보에 여성 지나간 후, 2차선을 디디며 여성 팔이 진행하지 못하도록 남성 몸 쪽에 붙이면-여성이 회전할 때 도움을 준다.

④보에 여성이 후진하도록 무빙한다.

■ 스텝 5·6: 1차선에 이동하며 엘오디 보고 왼발 디디며 정지

⑤보에 엘오디를 보고-오른손으로 바꿔 잡고, 왼발로 서며 여성을 정지한다.

⑥보에서 바디가 전진하며 여성을 잡은 손을 놓는다.

5-2. 등지고 뿌리기					발끝 방향		무빙	번호	발 접촉	손 위치
스텝		바디/진행 방향/회전량/텐션								
남자	1	⬆↓	벽으로 후행		⊖	右↑	↓	❶	볼플랫	복부
	2	⬆↓	〃		◎	左↑	↓	▶◁	볼플랫	
	3	⬆↑	중앙으로 진행		⊖	右↑	↑	❸	힐플랫	
	4	⬆↑	〃	右 90	⊕	左↑	↑	…		
	5	↔◆	엘오디 향해 선다 [등지고선 포지션]		⊖	左→	◆	❺	볼플랫	
	6	↔→	엘오디로 진행		⊖	右→	→	…		
여자	1	↔←	역행면으로 전진		⊖	左←	←	❶	힐플랫	복부
	2	⬀←	역행면으로 무빙		◎	右←	←	❷	힐플랫	
	3	⬍←	〃	左 반원	⊖	左↙	←	❸	힐플랫	
	4	⬊←	〃		⊕	右↘	←	❹	볼플랫	
	5	↔←	역행면으로 후진 [등지고선 포지션]		⊖	左→	←	❺	볼플랫	
	6	↔→	엘오디로 진행		⊖	右→	←	▷◀	볼플랫	

■ 스텝 1·2: 남성의 리드에 반응하며 역행면으로 전진

①, ②보를 디디며 전진한다.

■ 스텝 3·4: 여성 베이직 워킹(진행 및 회전) 하며 회전을 완료

③보를 디디며, 남성이 팔을 당겨 회전에 도움을 준다.

④보를 디디며 뒤로 무빙한다.

■ 스텝 5·6: 역행면으로 후진

⑤보 왼발 디디며, 뒤로 무빙을 정지한다.

⑥보 오른발 디디며, 남성의 리드에 반응하며 전진한다.

5-3: 등지고 뿌리기를 이미지로 나타낸 것이다.

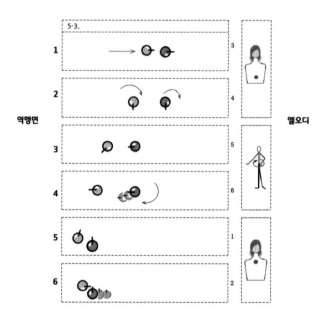

■ 스텝 1·2: 엘오디로 전진

요번 "1-4 마디"는 "등지고선 포지션"에서 "뿌리기" 휘겨를 연출함.

①보는 여성을 확실하게 전진시킨 후, 손을 놓아준다.

②보에서 여성이 전진 못 하게 막아서고, 180도 회전한다.

■ 스텝 3·4: 역행면으로 전진

③보에 여성의 회전을 확인하며, 전진한다. ④보에 여성의 회전완료를 관찰, 여성 손이 닿은 경우 후진 리드하고 출발 포지션으로 무빙한다.

■ 스텝 5·6: 출발 포지션으로 마무리

⑤보에 중앙을 보고 왼발로 확고히 서며 여성을 정지시킨다.

⑥보에 바디 옆 진행하며, 여성을 부드럽게 전진시킨다.

스텝		바디/진행 방향/회전량/텐션			발끝방향		무빙	번호	발접촉	손위치
남자	1	⟷→	엘오디로 전진		⊖	右→	→	❶	힐플랫	복부
	2	⬍→	〃	右반원	◎	右↓	→	▶◁	볼플랫	÷
	3	⟷←	역행면으로 진행		◎	右←	→	❸	힐플랫	
	4	⟷↙	역행면으로 진행	右90	⊕	右←	↙	∴		
	5	⬍◆	중앙, 향해 선다 [출발 포지션]		⊖	右↑	◆	❺	볼플랫	가슴
	6	⬍→	다음 스텝 위해 무빙		⊖	右↑	→	⋯		가슴
여자	1	⟷→	엘오디로 전진		⊖	左→	→	❶	힐플랫	복부
	2	⬍C	우측 턴	右1회전	◎	右↓	C	❷	볼플랫	÷
	3	⟷C			◎	左←		❸		
	4	⬍C			⊕	右↑		❹		
	5	⟷←	역행면으로 후진 [출발 포지션]		⊖	左→	←	❺	볼플랫	가슴
	6	⟷→	엘오디로 전진		⊖	右→	←	▷◀	볼플랫	가슴

■ 스텝 1·2: 남성의 리드에 반응하며 전진한 후 회전을 준비

①보 진진하며 왼발 디딘 후, 남성이 진행을 막고 있으니 회전한다.

②보부터 바디는 회전자세 취하며, 오른발 벽을 향해 디딘다.

■ 스텝 3·4: 여성 제자리 회전 베이직 하며 회전을 완료

③보는 벽을 향해 왼발로 디디고 ④보는 오른발 제자리에서 축으로 회전하며 후진한다.

■ 스텝 5·6: 역행면으로 후진

④보에서 후진하였고, ⑤보 왼발 디디며 뒤로 무빙을 정지한다.

⑥보 오른발 디디며 남성의 리드에 반응하며 전진한다.

6-1: 좌측 포지션에서 목감기를 이미지로 나타낸 것이다.

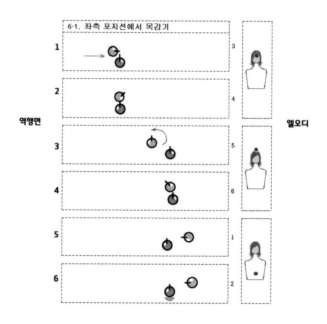

6-1. 좌측 포지션에서 목감기

역행면

엘오디

■ 스텝 1·2: 중앙 보고 옆진행

①, ②보에 여성을 진행시키고, 회전을 도와주며 진행한다.

■ 스텝 3·4: 중앙 보고 사이드 베이직 스텝

③보에 오른발 보폭을 넓게 디디며 여성의 회전을 위해 왼손으로 살짝 밀어준다.

④보는 여성이 후진해야 하므로 바디를 사용해 후진 리드한다.

■ 스텝 5·6: 중앙 보고 사이드 베이직 스텝 [역출발 포지션]

⑤보에 제자리에서 왼발로 확고히 서며 여성을 정지시킨다.

⑥보에 바디 후진하며, 여성을 부드럽게 전진시킨다.

6-1. 좌측 포지션에서 목감기						발끝 방향	무빙	번호	발 접촉	손 위치
스텝		바디/진행 방향/회전량/텐션								
남자	1	⇕→	엘오디로 옆걸음 [출발 포지션]		⊕	右↑	→	❶	볼플랫	이마
	2	⇕→	엘오디로 무빙		⊖	左↑	→	▶◁	볼플랫	이마
	3	⇕→	〃		◎	右↑	→	❸	볼플랫	머리
	4	⇕←	〃		⊕	左↑	←	…		머리
	5	⇕◆	중앙을 향해 선다 [역출발 포지션]		⊖	左↑	◆	❺	볼플랫	가슴
	6	⇕→	벽으로 후행		⊖	右↑	↓	…		복부
여자	1	⇔→	엘오디로 전진 [출발 포지션]	左 반원	⊕	左→	→	❶	힐플랫	이마
	2	⬦→	엘오디로 무빙		⊖	右→	→	❷	힐플랫	이마
	3	⇕→	〃		◎	左↗	→	❸	힐플랫	머리
	4	⬦→	〃		⊕	右↘	→	❹	볼플랫	머리
	5	⇔→	엘오디로 후진 [역출발 포지션]		⊖	左←	→	❺	볼플랫	가슴
	6	⇔←	역행면으로 전진		⊖	右←	→	▷◀	볼플랫	복부

■ 스텝 1·2: 남성의 리드에 반응하며 엘오디로 전진

여성 ①보를 디딘 왼발로 바닥을 밀어내어, 바디를 진행과 회전을 만들어 내며 ②보를 지나간다.

■ 스텝 3·4: 여성 베이직 워킹(진행 및 회전) 하며 회전을 완료

②보로 바디를 가속시켜 ③, ④보까지 진행한다.

■ 스텝 5·6: 역행면으로 후진

④보에서 후진하였고, ⑤보 왼발 디디며 뒤로 무빙을 정지한다.

⑥보 오른발 디디며 남성의 리드에 반응하며 전진한다.

6-2: 좌측 포지션에서 목감기를 이미지로 나타낸 것이다.

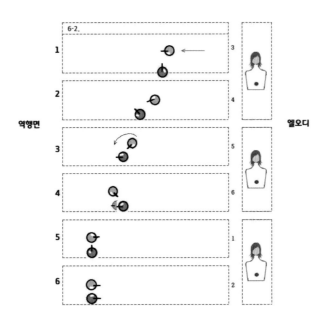

■ 스텝 1·2: 역행면으로 사이드 스텝

①보에 후진하며, 여성이 전진 하도록 리드한다.

②보에 남성은 왼발 디디며 여성이 남성 앞을 통과하도록 리드한다.

■ 스텝 3·4: 여성과 같이 역행면으로 진행

③보에 여성이 회전하도록 여성 팔 진행 정지시키는 액션을 한 뒤 ④보 디딜 때 여성에게 후진 리드한다.

■ 스텝 5·6: 엘오디 보고 좌측 표지선 위치

⑤보에 중앙을 보고, 왼발로 확고히 서며 여성을 정지시킨다

⑥보에 여성과 남성이 엘오디를 같이 바라보는 [좌측 포지션]이며 바디가 후진하며, 여성을 부드럽게 전진시킨다.

스텝		바디/진행 방향/회전량/텐션		발끝 방향		무빙	번호	발 접촉	손 위치
6-2. 좌측 포지션에서 목감기									
남자	1	⬆↓	벽으로 후진		⊖	右↑	↓	❶	볼플랫	복부
	2	◇←	역행면으로 진행	좌 90	⊖	左↖	←	❷	힐플랫	⸫
	3	⊟←	〃		⊖	右←	←	❸	힐플랫	
	4	⊟←	역행면으로 진행		⊕	左←	←	…		
	5	⬆◆	중앙, 향해 선다 [좌측 포지션]	우 반원	⊖	左↑	◆	❺	힐플랫	복부
	6	⊟→	엘오디로 전진		⊖	右→	→	…		
여자	1	⊟←	역행면으로 전진		⊖	左←	←	❶	힐플랫	복부
	2	⊟←	〃		⊖	右←		❷	힐플랫	⸫
	3	◇←	〃	좌 반원	⊖	左↙	C	❸	힐플랫	
	4	◇←	〃		⊕	右↘		❹	볼플랫	
	5	⊟←	〃 [좌측 포지션]		⊖	左→	←	❺	볼플랫	복부
	6	⊟→	엘오디로 전진		⊖	右→	←	▷◀	볼플랫	

■ 스텝 1·2: 남성의 리드에 반응하며 역행면으로 전진

여성 ①, ②보를 진행한다.

■ 스텝 3·4: 여성 베이직 워킹(진행 및 회전) 하며 회전을 완료

남성의 리드에 반응하며 ③보에 회전한다.

④보에 역행면으로 후진한다.

■ 스텝 5·6: 역행면으로 후진

⑤보 왼발 디디며 뒤로 진행을 정지한다.

⑥보에 여성과 남성이 엘오디를 같이 바라보고 있는 [좌측 포지션]이며 오른발 디디며
남성의 리드에 반응하며 전진한다.

6-3: 좌측 포지션에서 목감기를 이미지로 나타낸 것이다.

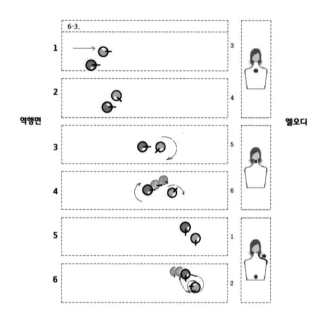

■ 스텝 1 · 2: 엘오디로 진행

①보 여성을 진행시키고, ②보에 회전을 주며-엘오디로 진행한다.

■ 스텝 3 · 4: 바디 진행하며 2차선에 진입

③, ④보에 여성의 목을 향해 따라가며 밀어주고, 뒤를 따른다.

■ 스텝 5 · 6: 출발 포지션으로 무빙

⑤보에 남성 왼손이 여성 오른손과 연결된 채 목을 감으며, 여성을 정지시킨다. 이후 남성 오른손이 여성바디 앞의 왼손을 잡는다.

⑥보 출발 포지션에서 남성 왼쪽팔로 여성 어깨를 부드럽게 밀며 바디를 전진시킨다.

6-3. 좌측 포지션에서 목감기					발끝 방향	무빙	번호	발 접촉	손 위치
스텝		바디/진행 방향/회전량/텐션							
남자	1	⊟→	엘오디로 진행		⊖	右→	→	❶	볼플랫	복부
	2	⊟→	〃		◎	左→	→	❷	힐플랫	가슴
	3	⊟↗	〃		⊕	右→	↗	❸	힐플랫	어깨
	4	⊟↗	〃	右 90	⊕	右→	↗	∴		목
	5	⬍◆	벽을 향해 선다 [출발 포지션]		⊖	左↓	◆	❺	볼플랫	어깨
	6	⬍←	역행면으로 무빙		⊖	左↓	←	…		어깨
여자	1	⊟→	엘오디로 전진		⊖	左↓	→	❶	힐플랫	복부
	2	◈→			◎	右↘		❷	볼	가슴
	3	◈→	C	右 1.5 회전	⊕	左↙	C	❸	볼	어깨
	4	◈→			⊕	右↗		❹	볼	목
	5	⬍→	역행면 보고 선다 [출발 포지션]		⊖	左↓	→	❺	볼플렛	어깨
	6	⊟←	역행면으로 무빙		⊖	右←	←	▷◀	볼플랫	어깨

■ 스텝 1·2: 남성의 리드에 반응하며 엘오디로 진행

여성 ①보 진행. ②보 오른발 디디며 전진 및 회전 시작한다.

■ 스텝 3·4: 여성 베이직 워킹(진행 및 회전) 하며 회전을 완료

③, ④보 엘오디를 향해 진행 및 회전한다.

■ 스텝 5·6: 엘오디로 후진

⑤보 왼발 디디며 뒤로 무빙을 정지한다.

⑥보 오른발 디디며 남성의 리드에 반응하며 전진한다.

6-4: 좌측 포지션에서 목감기를 이미지로 나타낸 것이다.

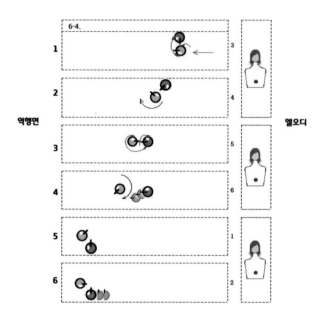

■ 스텝 1·2: 역행면으로 사이드 스텝

①보에 여성을 진행시키고, ②보에 [오른손-왼손] 홀드로 여성이 전진하며 회전을 하게
된다.

■ 스텝 3·4: 바디 진행하며 2차선에 진입

③보에 여성의 회전을 관찰하고, 뒤를 따르며 [왼손-왼손] 홀드를 바꿔 잡으며 2차선으
로 진행한다. ④보에 여성을 뒤따른다.

■ 스텝 5·6: 출발 포지션에 서기

⑤보에 왼발로 확고히 서며, 여성을 정지시킨다.

⑥보에 여성을 부드럽게 전진시킨다.

6-4. 좌측 포지션에서 목감기						발끝 방향	무빙	번호	발 접촉	손 위치
스텝		바디/진행 방향/회전량/텐션								
남자	1	⇕←	엘오디로 옆걸음		⊖	右↓	←	❶	볼플랫	복부
	2	⬦←	〃	右 90	⊖	左↙	←	▶◁	볼플랫	
	3	⇆↙	역벽사로 진행		◎	右←	↙	❸	힐플랫	
	4	⇆↙	역벽사로 진행	右 90	⊕	左←	↙	∴		
	5	⇑◆	중앙을 향해 선다 [출발 포지션]		⊖	左↑	◆	❺	볼플랫	
	6	⇑→	엘오디로 옆걸음		⊖	右↑	→	…		
여자	1	⇆←	역행면으로 진행		⊖	左←	←	❶	힐플랫	복부
	2	⬦←	〃	右 1.5 회전	⊖	右↖		❷	힐플랫	
	3	⊟←	〃		◎	左→	↻	❸	볼	
	4	⬦←	〃		⊕	右↙		❹	볼	
	5	⬦←	역행면으로 진행 [출발 포지션]		⊖	左↗	←	❺	볼플랫	
	6	⊟→	엘오디로 무빙		⊖	右→	←	▷◀	볼플랫	

■ 스텝 1·2: 남성의 리드에 반응하며 역행면으로 전진

여성 ①보 진행 시 [오른손-왼손] 홀드이며, ②보에서 회전 시작한다.

■ 스텝 3·4: 여성 베이직 워킹(진행 및 회전) 하며 회전을 완료

③, ④보 회전을 진행하며 역행면으로 무빙한다.

■ 스텝 5·6: 역행면으로 후진

⑤보 왼발 디디며 뒤로 무빙을 정지한다.

⑥보 오른발 디디며 남성의 리드에 반응하며 전진한다.

7-1: 꽈배기를 이미지로 나타낸 것이다.

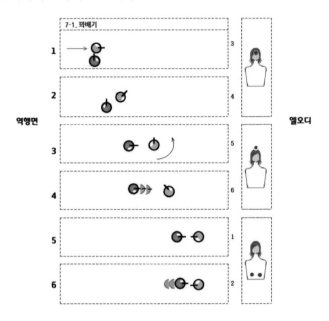

■ 스텝 1 · 2: 엘오디로 옆진행

①, ②보에 여성을 진행시키고, 회전을 도와주며 진행한다.

■ 스텝 3 · 4: 바디 진행하며 2차선에 진입

③보에 오른발 2차선에 디디며 팔로 살짝 당겨 여성 회전을 도와준다.

④보에 여성을 후진시키기 위해, 바디 전진 리드한다.

■ 스텝 5 · 6: 엘오디 보며, 마주보고 정지

⑤보에 왼발로 확고히 디디고 여성을 정지시킨다.

⑥보에서 [양손 홀드] 남성 왼손-여성 오른손, 남성 오른손-여성 왼손을 잡은 후, 여성을
부드럽게 전진시킨다.

스텝		바디/진행 방향/회전량/텐션				발끝 방향	무빙	번호	발 접촉	손 위치
			7-1. 꽈배기							
남자	1	⬆→	엘오디로 옆진행 [출발 포지션]		⊕	右↑	→	❶	볼플랫	이마
	2	⬆→	〃		⊖	左↑	→	▶◁	볼플랫	이마
	3	⬗↗	중앙사로 진행	右45	◎	右→	↗	❸	힐플랫	머리
	4	⬗↗	〃		⊕	左→	↗	∴		머리
	5	⬗◆	엘오디로 선다 [앞선 포지션]	右45	⊖	左→	◆	❺	힐플랫	가슴
	6	⬗←	역행면으로 후진 [양손 홀드]		⊖	右←	←	…		복부
여자	1	⬗→	엘오디로 진행		⊕	左→	→	❶	힐플랫	이마
	2	⬙→	〃	左45	⊖	右→	→	❷	힐플랫	이마
	3	⬆→	〃	左45	◎	左↗	→	❸	힐플랫	머리
	4	⬙→	〃	左45	⊕	右↘	→	❹	볼플랫	머리
	5	⬌→	엘오디로 후진 [앞선 포지션]	左45	⊖	左←	→	❺	볼플랫	가슴
	6	⬌←	역행면으로 전진 [양손 홀드]		⊖	右←	→	▷◀	볼플랫	복부

■ 스텝 1·2: 남성의 리드에 반응하며 엘오디로 전진

①, ②보 디디며 전진한다.

■ 스텝 3·4: 여성 베이직 워킹(진행 및 회전) 하며 회전을 완료

③보를 디디며 좌회전 중에 있게 된다.

④보를 디디면 남성 리드에 반응하여 후진한다.

■ 스텝 5·6: 역행면으로 후진

⑤보 왼발 디디며, 진행하던 후진을 정지한다.

⑥보 [양손 홀드] 하며, 왼발 옆에 오른발 디디고, 남성의 리드에 반응하며 전진한다.

7-2: 꽈배기를 이미지로 나타낸 것이다.

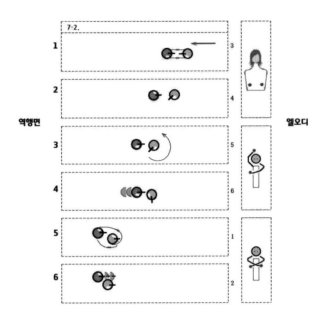

- 지르박 리드 시 특별한 경우를 제외하고-남성은 여성의 손을 잡는 것보다는, 손가락을 펴고 여성의 손이 닿는 정도로의 접촉을 권한다.

■ 스텝 1·2: 역행면으로 후진

여성을 바라보며 ①보 후진, ②보에 왼손을 위로 무빙 시작한다.

■ 스텝 3·4: 후진

③보에 왼손을 올리고 ④보에 왼손이 여성 얼굴 앞에 내린다.

■ 스텝 5·6: 바디로 정지와 전진을 유도

⑤보에 왼발로 확고히 서며 왼손은 가슴까지 내려갔다가 ⑥보에서 남성의 몸이 강하게 전진하며 여성을 전진시키고, 왼손은 얼굴 앞으로 올라간다. 이때도 손을 잡지 않고 리드하기를 권한다.

스텝		바디/진행 방향/회전량/텐션		발끝방향	무빙	번호	발접촉	손위치
		7-2. 꽈배기		발끝방향	무빙	번호	발접촉	손위치
남자	1	← 역행면으로 후진	⊖	右→	←	❶	볼플랫	복부
	2	← 〃	⊕	左→	←	❷	볼플랫	가슴
	3	← 후진 중 왼손 올림	◎	右→	←	❸	볼플랫	머리
	4	← 후진 중 왼손 내림	◎	左→	←	…		목
	5	◆ 후진을 정지. [뒤에선 포지션]	⊖	左→	◆	❺	볼플랫	가슴
	6	→ 왼손 올리며 전진	⊖	右→	→	…		목
여자	1	→ 역행면으로 전진	⊖	左→	→	❶	힐플랫	복부
	2	→ 〃	⊕	右↗		❷	힐플랫	가슴
	3	→ 전진 중 오른손 올림	◎	左↑	↻	❸	힐플랫	머리
	4	→ 전진 중 오른손 내림	◎	右↘		❹	볼플랫	목
	5	→ 역행면으로 후진 [뒤에선 포지션]	⊖	左←	→	❺	볼플랫	가슴
	6	← 전진 무빙	⊖	右←	←	▷◀	볼플랫	목

(여자 진행 방향: 左 1회전)

■ 스텝 1·2: 남성의 리드에 반응하며 엘오디로 전진

여성 ①보 전진, ②보 오른손 올라가며 회전을 시작한다. 왼손은 원래 위치에서 고정되어 있다.

■ 스텝 3·4: 진행 및 회전 하며 회전을 완료

③보 전진 중 오른손 머리 위 ④보 회전하며 손이 얼굴 앞을 지나간다.

■ 스텝 5·6: 역행면으로 후진

⑤보 디디며 뒤로 무빙을 정지하며 손은 가슴까지 내려왔다.

⑥보 오른발 디디며 손은 얼굴을 지나 올라간다. 왼손은 원래의 위치에서 고정되어 있다.

7-3: 꽈배기를 이미지로 나타낸 것이다.

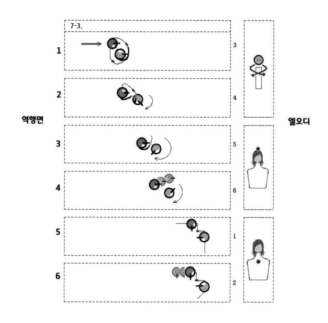

■ 스텝 1·2: 엘오디로 전진

①보에 강하게 전신하며, 여성을 진행시킨다.

②보에 왼손 올리며 오른손은 당김을 시작한다.

■ 스텝 3·4: 전진하며 왼손 올리기

③보에 올린 왼손은 고정, 오른손 당기며 여성의 회전을 만들어 준다.

④보에 여성을 후진시키기 위해 왼손 내리며 바디 무빙한다.

■ 스텝 5·6: 벽을 보고 왼발 디디며 정지

⑤보에 왼발로 확고히 서면 여성이 후진하다 정지한다.

⑥보에서 왼손으로 여성을 부드럽게 전진시킨다.

스텝		바디/진행 방향/회전량/텐션			발끝 방향	무빙	번호	발접촉	손위치
남자	1	⊟→	엘오디로 전진		⊖ 右→	→	❶	힐플랫	가슴
	2	⊟→	〃		⊕ 左→	→	❷	힐플랫	이마
	3	⊟→	〃		⊖ 右→	→	❸	힐플랫	머리
	4	⊟↗	중앙사로 진행	右 90	⊕ 右→	→	∴		머리
	5	⊡◆	벽을 향해 선다 [출발 포지션]		⊖ 左↓	◆	❺	볼플랫	가슴
	6	⊡←	역행면으로 옆걸음		⊖ 左↓	↓	…		가슴
여자	1	⊟→	엘오디로 전진		⊖ 左→	→	❶	힐플랫	가슴
	2	⬦→	〃		⊕ 右↗		❷	힐플랫	이마
	3	⬍→	〃	右 1.5 회전	⊖ 左↑	C	❸	힐플랫	머리
	4	⬦→	〃		⊕ 右↘		❹	볼플랫	머리
	5	⊟→	엘오디로 후진 [출발 포지션]		⊖ 左←	→	❺	볼플랫	가슴
	6	⊟←	다음 스텝 위해 무빙		⊖ 右←	←	▷◀	볼플랫	가슴

■ 스텝 1·2: 남성의 강한 리드에 반응하며 전진

①보에 오른쪽 상체를 먼저 전진시킨다. 여성도 회전하기 위하여 스스로 와인드업 동작을 취하며 전진한다.

②보에 왼손이 뒤로 당겨지며, 회전이 시작된다.

■ 스텝 3·4: 양팔을 사용하며 빠른 회전을 완료

③보에 왼손이 당겨지므로 빠른 회전한다.

④보에 엘오디로 후진하며 회전을 마무리한다.

■ 스텝 5·6: 엘오디로 후진

⑤보 정지하고 ⑥보 오른발 디디며 남성의 리드에 반응하며 전진한다.

7-4: 꽈배기를 이미지로 나타낸 것이다.

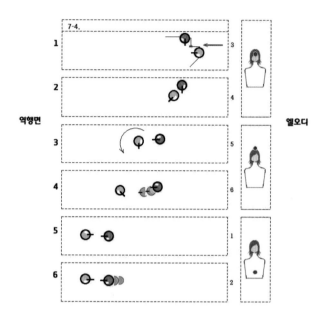

■ 스텝 1 · 2: 역행면으로 사이드 스텝

왼손을 올리며 여성을 전진시키며 ①, ②보 진행한다.

■ 스텝 3 · 4: 바디 진행하며 2차선에 진입

③보에 여성의 전진을 위해 오른손으로 밀어주고, 뒤를 따른다.

④보에 여성을 후진시키기 위해 바디 무빙한다.

■ 스텝 5 · 6: 역행면 보고 전진 후 후진

⑤보에 여성을 정지시킨다

⑥보에 부드럽게 전진시킨다.

스텝		바디/진행 방향/회전량/텐션			발끝 방향		무빙	번호	발 접촉	손 위치
				7-4. 꽈배기						
남자	1	⊞←	역행면으로 옆걸음		⊕	右↓	←	❶	볼플랫	이마
	2	⊞←	〃		⊖	左↓	←	▶◁	볼플랫	이마
	3	⇔↙	역벽사로 진행	右 90	◎	右←	↙	❸	힐플랫	머리
	4	⇔↙	〃		⊕	左←	↙	∴		머리
	5	⇔◆	역행면으로 선다 [앞에선 포지션]		⊖	左←	◆	❺	힐플랫	가슴
	6	⇔→	엘오디로 후진		⊖	右←	→	…		복부
여자	1	⇔←	역행면으로 전진		⊕	左←	←	❶	힐플랫	이마
	2	◈←	〃		⊖	右←	←	❷	힐플랫	이마
	3	⬙←	〃	左 반원	◎	左↙	←	❸	힐플랫	머리
	4	◈←	〃		⊕	右↘	←	❹	볼플랫	머리
	5	⊟←	역행면으로 후진 [앞에선 포지션]		⊖	左→	←	❺	볼플랫	가슴
	6	⊟→	엘오디로 전진		⊖	右→	←	▷◀	볼플랫	복부

■ 스텝 1·2: 남성의 리드에 반응하며 역행면으로 전진

여성 ①②보를 진행한다.

■ 스텝 3·4: 진행 및 회전 하며 회전을 완료

③ 보에 회전하고 ④보에 후진한다.

■ 스텝 5·6: 역행면으로 후진

⑤보 왼발 디디며 뒤로 무빙을 정지한다.

⑥보 오른발 디디며 남성의 리드에 반응하며 전진한다.

7-5: 꽈배기를 이미지로 나타낸 것이다.

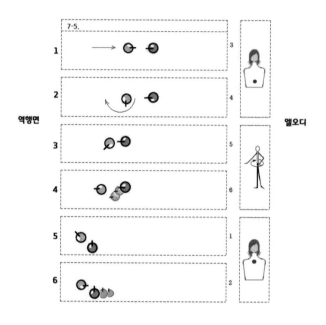

■ 스텝 1 · 2: 엘오디로 후진

요번 "1-4 마디"는 우리가 보통 알고 있는 "뿌리기" 휘겨에 해당한다.

①보 후진하며 여성의 전진을 막고, ②보에서 여성이 회전하도록 리드한다.

■ 스텝 3 · 4: 역행면으로 전진

③보에 여성의 회전을 확인하며, 전진한다. ④보에 여성의 회전완료를 관찰, 여성 손이 닿은 경우 후진 리드하고 출발 포지션으로 무빙한다.

■ 스텝 5 · 6: 출발 포지션으로 마무리

⑤보에 중앙을 보고 왼발로 확고히 서며 여성을 정지시킨다.

⑥보에 바디 옆 진행하며, 여성을 부드럽게 전진시킨다.

스텝		바디/진행 방향/회전량/텐션				발끝 방향	무빙	번호	발 접촉	손 위치
		(7-5. 꽈배기)								
남자	1	⬌→	엘오디로 후행		⊕	右←	→	❶	볼플랫	복부
	2	⬌→	역행면으로 전진준비		⊕	左←	→	▶◁	볼플랫	복부
	3	⬌←	역행면으로 전진		◎	右←	←	❸	힐플랫	÷
	4	⬌↙	역벽사로 진행	右 90	◎	左←	↙	∴		
	5	⇑◆	중앙을 향해 선다 [출발 포지션]		⊖	左↑	◆	❺	볼플랫	가슴
	6	⇑→	엘오디로 옆진행		⊖	右↑	→	…		가슴
여자	1	⬆→	엘오디로 전진		⊕	左→	→	❶	힐플랫	복부
	2	⬍C	우측 턴	右 1회전	⊕	右↓	C	❷	볼플랫	복부
	3	⬌C			◎	左←		❸		÷
	4	⇑C			◎	右↑		❹		
	5	⬆←	역행면으로 후진 [출발 포지션]		⊖	左→	←	❺	볼플랫	가슴
	6	⬆→	엘오디로 전진		⊖	右→	←	▷◀	볼플랫	가슴

■ 스텝 1·2: 남성의 리드에 반응하며 전진하며 회전을 준비

①보 진진하며 왼발 디딘 후, 남성이 진행을 막으며 회전하도록 리드한다.

②보부터 바디는 회전자세 취하며, 오른발 벽을 향해 디딘다.

■ 스텝 3·4: 여성 제자리 회전 베이직 하며 회전을 완료

③보는 벽을 향해 왼발로 디디고 ④보는 오른발 제자리에서 축으로 회전하며 후진한다.

■ 스텝 5·6: 역행면으로 후진

⑤보 왼발 뒤로 디디고, 무빙을 정지한다.

⑥보 오른발 디디며 남성의 리드에 반응하며 전진한다.

8-1: 건너가서 돌려버리기를 이미지로 나타낸 것이다.

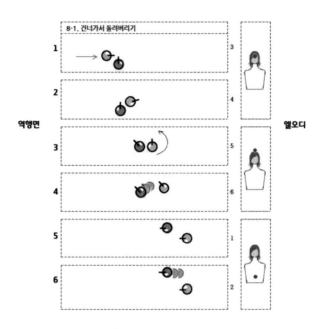

■ 스텝 1 · 2: 엘오디로 옆진행

①, ②보에 여성을 진행시키고, 회전을 도와주며 진행한다.

■ 스텝 3 · 4: 바디 진행하며 2차선에 진입

③보에 여성이 지나간 다음 앞으로 진행한다.

④보에 여성을 후진시키기 위해 바디 무빙한다.

■ 스텝 5 · 6: 역행면 보고 왼발 디디며 정지 후 후진

⑤보에 왼손으로 바꿔 잡고, 왼발로 확고히 서며 여성을 정지시킨다.

⑥보에 바디가 후진하며, 여성을 부드럽게 전진시킨다.

스텝		바디	바디/진행 방향/회전량/텐션			발끝 방향	무빙	번호	발 접촉	손 위치
			8-1. 건너가서 돌려버리기							
남자	1	⇧→	엘오디로 옆진행 [출발 포지션]		⊕	右↑	→	❶	볼플랫	이마
	2	⇧→	〃		⊖	左↑	→	▶◁	볼플랫	이마
	3	⬦↗	중앙사로 진행		◎	右↘	↗	❸	힐플랫	머리
	4	⬦↗	〃	左90	⊕	左↘	↗	∴		머리
	5	⬅◆	역행면으로 선다 [좌측 포지션]		⊖	左←	◆	❺	볼플랫	복부
	6	⬅←	엘오디로 후진		⊖	右←	→	…		복부
여자	1	⬜→	엘오디로 진행 [출발 포지션]		⊕	左→	→	❶	힐플랫	이마
	2	⬦→	〃	左45	⊖	右→	→	❷	힐플랫	이마
	3	⇧→	〃	左45	◎	左↗	→	❸	힐플랫	머리
	4	⬦→	〃	左45	⊕	右↘	→	❹	볼플랫	머리
	5	⬅→	엘오디로 후진 [좌측 포지션]	左45	⊖	左←	→	❺	볼플랫	복부
	6	⬅←	역행면으로 전진		⊖	右←	→	▷◀	볼플랫	복부

■ 스텝 1·2: 남성의 리드에 반응하며 엘오디로 전진

여성 ①, ②보를 진행한다.

■ 스텝 3·4: 진행 및 회전하며 회전을 완료

③보에 회전하고 ④보에 후진한다.

■ 스텝 5·6: 역행면으로 후진

⑤보 왼발 뒤로 디디며 무빙을 정지한다.

⑥보 오른발 디디며 남성의 리드에 반응하며 전진한다.

8-2: 건너가서 돌려버리기를 이미지로 나타낸 것이다.

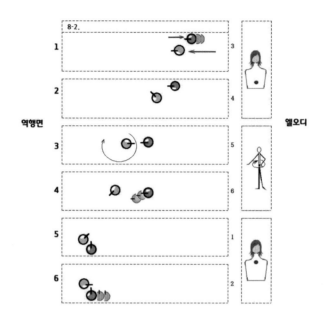

■ 스텝 1·2: 엘오디로 후진하며 여성을 전진

①보에 후진하며, 그 힘으로 여성을 전진시킨다.

②보는 왼발 전진하며 무빙한다.

■ 스텝 3·4: 바디 진행하며 2차선에 진입

③보에 여성의 스핀을 위해 푸시한다.

④보에 여성을 따라가며 전진한다.

■ 스텝 5·6: 중앙을 보고 출발 포지션에 서기

⑤보에 왼발로 확고히 서며, 여성을 정지시킨다.

⑥보에서 여성을 부드럽게 전진시킨다.

8-2. 건너가서 돌려버리기			발끝 방향	무빙	번호	발 접촉	손 위치
스텝		바디/진행 방향/회전량/텐션					
남자	1	↔→ 엘오디로 후행	⊖ 右←	→	❶	볼플랫	복부
	2	↔← 역행면으로 전진준비	⊖ 左←	←	❷	힐플랫	복부
	3	↔← 역행면으로 전진	⊕ 右←	←	❸	힐플랫	÷
	4	↔↙ 역벽사로 진행	◎ 左←	↙	∴		
	5	⇧◆ 중앙을 향해 선다 [출발 포지션] 右90	⊖ 左↑	◆	❺	볼플랫	가슴
	6	⇧→ 엘오디로 옆진행	⊖ 右↑	→	…		가슴
여자	1	↦→ 엘오디로 전진	⊖ 左→	→	❶	힐플랫	복부
	2	⇕C	⊖ 右↓		❷		복부
	3	↔C 우측 턴 右1회전	⊕ 左←	C	❸	볼플랫	÷
	4	⇧C	◎ 右↑		❹		
	5	↦← 역행면으로 후진 [출발 포지션]	⊖ 左→	←	❺	볼플랫	가슴
	6	↦→ 엘오디로 전진	⊖ 右→	←	▷◁	볼플랫	가슴

■ 스텝 1·2: 남성의 리드에 반응하며 역행면으로 전진

여성 ①보 전진, ②보에 남성이 전진하며 회전을 시작한다.

■ 스텝 3·4: 여성 스핀 한 후 회전을 완료

③, ④보에 남성의 전진 리드로 스핀 진행한다.

■ 스텝 5·6: 역행면으로 후진

⑤보 왼발 디디며 뒤로 무빙을 정지한다.

⑥보 오른발 디디며 남성의 리드에 반응하며 전진한다.

9-1: 같이 돌아서 좌측 포지션에 서기를 이미지로 나타낸 것이다.

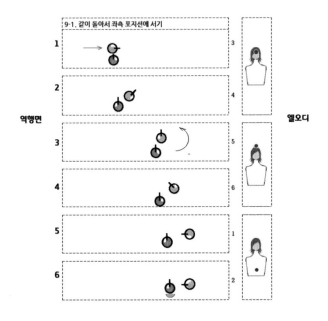

■ 스텝 1·2: 중앙 보고 옆진행

①, ②보에 여성을 진행시키고, 회전을 도와주며 진행한다.

■ 스텝 3·4: 중앙 보고 사이드 베이직 스텝

③보에 오른발 보폭을 넓게 디디며 여성의 회전을 위해 왼손으로 살짝 밀어준다.

④보는 여성이 후진해야 하므로 바디를 사용해 후진 리드한다.

■ 스텝 5·6: 중앙 보고 옆진행 [역출발 포지션]

⑤보에 제자리에서 왼발로 확고히 서며 여성을 정지시킨다.

⑥보에 바디 후진하며, 여성을 부드럽게 전진시킨다.

9-1. 같이 돌아서 좌측 포지션 만들기					발끝 방향	무빙	번호	발 접촉	손 위치
스텝		바디/진행 방향/회전량/텐션							
남자	1	⇧→	엘오디로 옆걸음 [출발 포지션]	⊕	右↑	→	❶	볼플랫	이마
	2	⇧→	엘오디로 무빙	⊖	左↑	→	▶◁	볼플랫	이마
	3	⇧→	〃	◎	右↑	→	❸	볼플랫	머리
	4	⇧←	역행면으로 진행	⊕	左↑	←	…		머리
	5	⇧◆	중앙을 향해 선다 [역출발 포지션]	⊖	左↑	◆	❺	볼플랫	가슴
	6	⇧→	벽으로 후행	⊖	右↑	↓	…		복부
여자	1	⇔→	엘오디로 전진 [출발 포지션]	⊕	左→	→	❶	힐플랫	이마
	2	⬦→	엘오디로 무빙	⊖	右→	→	❷	힐플랫	이마
	3	⇧→	〃	◎	左↗	→	❸	힐플랫	머리
	4	⬦→	〃	⊕	右↘	→	❹	볼플랫	머리
	5	⇔→	엘오디로 후진 [역출발 포지션]	⊖	左←	→	❺	볼플랫	가슴
	6	⇔←	역행면으로 전진	⊖	右←	→	▷◀	볼플랫	복부

(여자 스텝 무빙 전체: 좌 반원)

■ 스텝 1·2: 남성의 리드에 반응하며 엘오디로 전진

여성 ①보를 디딘 왼발로 바닥을 밀어내어, 바디를 진행과 회전을 만들어 내며 ②보를 지나간다.

■ 스텝 3·4: 여성 베이직 워킹(진행 및 회전) 하며 회전을 완료

②보로 바디를 가속시켜 ③, ④보까지 진행한다.

■ 스텝 5·6: 역행면으로 후진

④보에서 후진하였고, ⑤보 왼발 디디며 뒤로 무빙을 정지한다.

⑥보 오른발 디디며 남성의 리드에 반응하며 전진한다.

9-2: 같이 돌아서 좌측 포지션에 서기를 이미지로 나타낸 것이다.

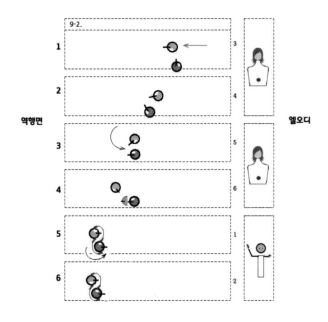

■ 스텝 1·2: 역행면으로 옆진행

여성을 진행시키고, 회전을 도와주며 ①, ②보 진행한다.

■ 스텝 3·4: 여성과 같이 역행면으로, 차선변경 없이 진행

③, ④보에 여성이 회전하는 것을 잘 관찰한다.

■ 스텝 5·6: 여성과 동시에 회전하고, 엘오디를 보기

⑤보에 회전하며 왼손-왼손 홀드한다.

⑥보에서 여성을 부드럽게 전진시킨다.

9-2. 같이 돌아서 좌측 포지션 만들기			발끝 방향	무빙	번호	발 접촉	손 위치
스텝		바디/진행 방향/회전량/텐션					
남자	1	◇← 역행면으로 진행	좌 90	⊖ 右↘	←	❶	볼플랫	복부
	2	◇← "		⊖ 左↘	←	❷	힐플랫	
	3	⊟← "		⊖ 右←	←	❸	힐플랫	
	4	⊟← 역행면으로 진행		◎ 左←	←	…		
	5	⊟◆ 엘오디 향한다 [좌측 포지션]	좌 반원	⊖ 左→	◆	❺	힐플랫	어깨
	6	↦→ 엘오디로 전진		⊖ 右→	→	…		
여자	1	⊟← 역행면으로 전진		⊖ 左←	←	❶	힐플랫	복부
	2	⊟← "		⊖ 右←		❷	힐플랫	
	3	◇← "	좌 1회전	⊖ 左↙	↻	❸	힐플랫	
	4	◇← "		⊕ 右↘		❹	볼플랫	
	5	⊟← " [좌측 포지션]		⊖ 左→	←	❺	볼플랫	어깨
	6	⊟→ 엘오디로 전진		⊖ 右→	←	▷◀	볼플랫	

■ 스텝 1 · 2: 남성의 리드에 반응하며 역행면으로 전진

여성 ①, ②보를 진행한다.

■ 스텝 3 · 4: 여성 베이직 워킹(진행 및 회전) 하며 회전을 완료

③보 회전하고, ④보는 역행면으로 후진한다.

■ 스텝 5 · 6: 역행면으로 후진

⑤보 왼발 디디며 뒤로 무빙을 정지한다.

⑥보 오른발 디디며 남성의 리드에 반응하며 전진한다.

9-3: 같이 돌아서 좌측 포지선에 서기를 이미지로 나타낸 것이다.

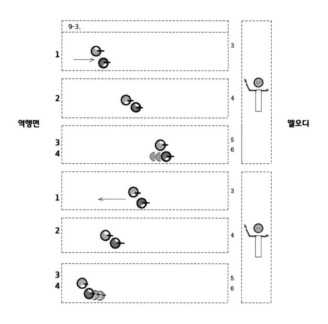

• 9번 휘겨의 9-3마디는: 전진하고, 후진하면서 1~3보 걷고 4보를 찍는다.

■ 전진 스텝 1~4: 엘오디로 전진

여성과 같이 ①, ②, ③보 전진하며 디디고, ④보에 찍는다.

■ 후진 스텝 1~4: 역행면으로 후진

여성과 같이 ①, ②, ③보 후진하며 디디고, ④보에 찍는다.

9-3. 같이 돌아서 좌측 포지션 만들기					발끝 방향	무빙	번호	발 접촉	손 위치
스텝		바디/진행 방향/회전량/텐션							
남자	1	⊟→	엘오디로 전진 [좌측 포지션]	⊖	右→	→	❶	힐플랫	왼손 가슴
	2	⊟→	〃	◎	左→	→	❷	힐플랫	
	3	⊟→	〃	⊕	右→	→	❸	힐플랫	
	4	⊟←	〃	⊖	左→	←	…		
	1	⊟←	역행면으로 후진	⊖	左→	←	❶	볼플랫	오른손 어깨
	2	⊟←	〃	◎	右→	←	❷	볼플랫	
	3	⊟◆	〃	⊕	左→	◆	❸	볼플랫	
	4	⊟→	〃 [좌측 포지션]	⊖	右→	→	…		
여자	1	⊟→	엘오디로 전진 [좌측 포지션]	⊖	左→	→	❶	힐플랫	왼손 가슴
	2	⊟→	〃	◎	右→	→	❷	힐플랫	
	3	⊟→	〃	⊕	左→	→	❸	힐플랫	
	4	⊟←	〃	⊖	右→	…	❹		
	1	⊟←	역행면으로 후진	⊖	右→	→	❶	볼플랫	오른손 어깨
	2	⊟←	〃	◎	左→	→	❷	볼플랫	
	3	⊟←	〃	⊕	右→	←	❸	볼플랫	
	4	⊟→	〃 [좌측 포지션]	⊖	左→	…	❹		

■ 전진 스텝 1~4: 남성의 리드에 반응하며 엘오디로 전진

전진하며 ①, ②, ③보 디디고, ④보에 찍는다.

■ 후진 스텝 1~4: 남성의 리드에 반응하며 역행면으로 후진

후진하며 ①, ②, ③보 디디고, ④보에 찍는다.

9-4: 같이 돌아서 좌측 포지션에 서기를 이미지로 나타낸 것이다.

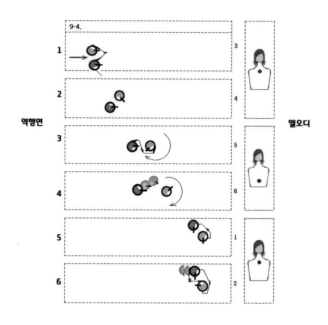

■ 스텝 1·2: 엘오디로 진행

①보 여성을 진행시키고, ②보에 회전을 주며-엘오디로 진행한다.

■ 스텝 3·4: 바디 진행하며 2차선에 진입

③, ④보에 여성의 회전하는 손을 따라가며 밀어주고, 뒤를 따른다.

■ 스텝 5·6: 출발 포지션으로 무빙

⑤보에 남성 왼손이 여성 왼손과 연결된 채 여성 히프 에 닿으며 여성을 정지시킨다.

⑥보에 여성을 잡았던 남성 왼손은 풀어주고, 오른손-오른손 홀드가 된다.

9-4. 같이 돌아서 좌측 포지션 만들기						발끝 방향	무빙	번호	발 접촉	손 위치
스텝			바디/진행 방향/회전량/텐션							
남자	1	⬅➡ →	엘오디로 진행 [좌측 포지션]		⊖	右→	→	❶	힐플랫	가슴
	2	⬅➡ →	〃		⊖	左→	→	❷	힐플랫	가슴
	3	⬅➡ ↗	〃		◎	右→	↗	❸	힐플랫	복부
	4	⬅➡ ↗	〃	右 90	⊕	右→	↗	∴		복부
	5	⬍ ◆	벽을 향해 선다 [출발 포지션]		⊖	左↓	◆	❺	볼플랫	가슴
	6	⬍ →	역행면으로 무빙		⊖	左↓	←	⋯		가슴
여자	1	⬅➡ →	엘오디로 전진 [좌측 포지션]		⊖	左→	→	❶	힐플랫	가슴
	2	◈ →	〃 C		⊖	右↘		❷	볼	가슴
	3	◈ →	〃 C		◎	左↙	C	❸	볼	복부
	4	◈ →	〃 C	右 1.5원	⊕	右↗		❹	볼	복부
	5	⬍ →	〃 [출발 포지션]		⊖	左↓	→	❺	볼플렛	가슴
	6	⬅➡ ←	역행면으로 무빙		⊖	右←	→	▷◀	볼플랫	가슴

■ 스텝 1·2: 남성의 리드에 반응하며 엘오디로 진행

여성 ①보 진행. ②보 오른발 디디며 전진 및 회전 시작한다.

■ 스텝 3·4: 여성 베이직 워킹(진행 및 회전) 하며 회전을 완료

③, ④보 엘오디를 향해 진행 및 회전한다.

■ 스텝 5·6: 엘오디로 후진

⑤보 왼발 디디며 뒤로 무빙을 정지한다.

⑥보 오른발 디디며 남성의 리드에 반응하며 전진한다.

9-5: 같이 돌아서 좌측 포지션에 서기를 이미지로 나타낸 것이다.

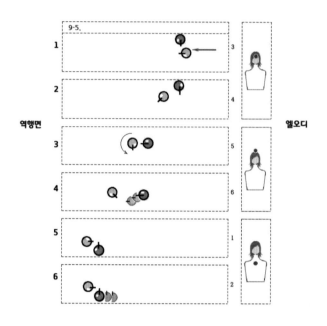

■ 스텝 1·2: 역행면으로 옆진행

①, ②보 여성 회전을 도와주며 진행한다.

■ 스텝 3·4: 바디 진행하며 2차선에 진입

③보에 여성의 회전을 위해 밀어주고, 뒤를 따른다. ④보에 여성을 후진시키기 위해 부드럽게 전진 리드한다.

■ 스텝 5·6: 바디 진행하며 1차선에 진입

⑤보에 중앙을 보면서 왼발로 확고히 서고, 여성 후진을 정지시킨다.

⑥보에서 여성을 부드럽게 전진시킨다.

9-5. 같이 돌아서 좌측 포지션 만들기					발끝 방향	무빙	번호	발 접촉	손 위치
스텝		바디/진행 방향/회전량/텐션							
남자	1	⊓←	역행면으로 옆걸음		⊕	右↓	←	❶	볼플랫	이마
	2	⊓←	〃		⊖	左↓	←	▶◁	볼플랫	이마
	3	⇔↗	역벽사로 진행	右 반원	◎	右←	↗	❸	힐플랫	머리
	4	⇔↗	〃		⊕	左←	↗	∴		머리
	5	⇑◆	벽으로 선다 [출발 포지션]		⊖	左↑	◆	❺	힐플랫	가슴
	6	⇑→	엘오디로 옆걸음		⊖	右↑	↑	…		가슴
여자	1	⇔←	역행면으로 전진		⊕	左←	←	❶	힐플랫	이마
	2	◇←	〃		⊖	右←	←	❷	힐플랫	이마
	3	⊓←	〃	左 반원	◎	左↗	←	❸	힐플랫	머리
	4	◇←	〃		⊕	右↘	←	❹	볼플랫	머리
	5	⇨←	역행면으로 후진 [출발 포지션]		⊖	左→	←	❺	볼플랫	가슴
	6	⇨→	엘오디로 전진		⊖	右→	←	▷◀	볼플랫	복부

■ 스텝 1·2: 남성의 리드에 반응하며 역행면으로 전진

①보와 ②보를 디디며 전진한다.

■ 스텝 3·4: 여성 베이직 워킹(진행 및 회전) 하며 회전을 완료

③보를 디디며 남성의 리드에 반응하며 회전한다.

④보에서 남성의 전진 무빙에 반응하며 후진한다.

■ 스텝 5·6: 역행면으로 후진

⑤보 왼발 디디며, 진행하던 후진을 정지한다.

⑥보 왼발 옆에 오른발 디디며, 남성의 리드에 반응하며 전진한다.

10번: 홀드

10-1: 홀드를 이미지로 나타낸 것이다.

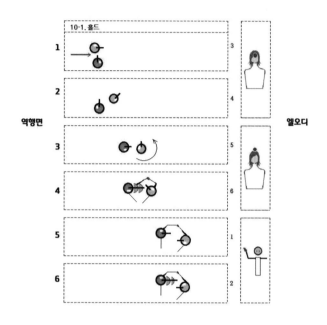

■ 스텝 1·2: 엘오디로 옆진행

여성을 진행시키고, 회전을 도와주며 ①, ②보 진행한다.

■ 스텝 3·4: 바디 진행하며 2차선에 진입

③보에 여성의 회전을 위해 밀어주고, 뒤를 따른다.

④보에 왼손-오른손 홀드하며 여성 앞으로 무빙한다.

■ 스텝 5·6: 엘오디 보며 앞에선 포지션

⑤보에 왼발로 확고히 서며 여성을 정지시킨다.

⑥보에서 여성을 팔로 당기며 전진한다.

10-1. 홀드					발끝 방향	무빙	번호	발 접촉	손 위치
스텝		바디/진행 방향/회전량/텐션							
남자	1	⇧→	엘오디로 옆진행 [출발 포지션]	⊕	右↑	→	❶	볼플랫	이마
	2	⇧→	"	⊖	左↑	→	▶◁	볼플랫	이마
	3	⇨↗	중앙사로 진행 / 右45	◎	右→	↗	❸	힐플랫	머리
	4	⇨↗	"	⊕	左→	↗	∴		머리
	5	⇨◆	엘오디로 선다 [클로즈 포지션] / 右45	⊖	左→	◆	❺	힐플랫	홀드
	6	⇨→	엘오디로 무빙	⊖	右→	→	…		홀드
여자	1	⇨→	엘오디로 진행	⊕	左→	→	❶	힐플랫	이마
	2	◇→	" / 右45	⊖	右→	→	❷	힐플랫	이마
	3	⇧→	" / 右45	◎	左↗	→	❸	힐플랫	머리
	4	◇→	" / 右45	⊕	右↖	→	❹	볼플랫	머리
	5	⇦→	엘오디로 후진 [클로즈 포지션] / 右45	⊖	左←	→	❺	볼플랫	홀드
	6	⇦←	역행면으로 전진	⊖	右←	→	▷◀	볼플랫	홀드

■ 스텝 1·2: 남성의 리드에 반응하며 역행면으로 전진

여성 ①, ②보를 진행한다.

■ 스텝 3·4: 여성 베이직 워킹(진행 및 회전) 하며 회전을 완료

진행하며 ③보에 회전, ④보에 엘오디로 후진한다.

■ 스텝 5·6: 역행면으로 후진

⑤보 왼발 디디며 뒤로 무빙을 정지한다.

⑥보 오른발 디디며 남성의 리드에 반응하며 전진한다.

10-2: 홀드를 이미지로 나타낸 것이다.

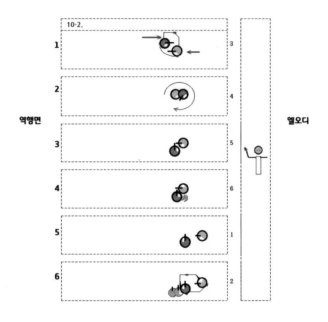

■ 스텝 1·2: 엘오디로 전진하며 홀드
①보에 전진하는 여성을 오른팔을 사용해서 비켜선 포지션으로 홀드.
②보에 여성을 축으로 삼고 회전 진행.

■ 스텝 3·4: 여성을 축으로 회전
③보까지 회전을 진행한다.
④보에 회전을 완료하며, 여성을 후진시킨다.

■ 스텝 5·6: 역행면 보고 왼발 디디며 정지
⑤보에 왼발로 확고히 서며 여성을 정지시킨다.
⑥보에 여성을 부드럽게 전진시킨다.

10-2. 홀드					발끝방향		무빙	번호	발접촉	손위치
스텝			바디/진행 방향/회전량/텐션							
남자	1	⊟→	엘오디로 전진 [비켜선 포지션]		⊕	右→	→	❶	힐플랫	홀드
	2	◿↱	⟲	右 반원	⊖	左↘	↴	❷	힐플랫	
	3	⬆↵			◎	右↑	↵	❸	볼플랫	
	4	⬆→	중앙보고 선다 [역출발 포지션]		⊕	左↑	→	…		
	5	⬆◆	〃		⊖	左↑	◆	❺	볼플랫	
	6	⬆←	역행면으로 무빙 [역출발 포지션]		⊖	右↑	←	…		
여자	1	⬌→	역행면으로 전진 [피켜선 포지션]		⊕	左→	→	❶	힐플랫	홀드
	2	⊟↱	⟲	右 1회전	⊖	右↗	⟲	❷	볼	
	3	⬅↵			◎	左↑		❸	볼	
	4	⬅→	엘오디로 후진 [역출발 포지션]		⊕	右↘		❹	볼플랫	
	5	⬅→	〃		⊖	左←	→	❺	볼플랫	
	6	⬅←	역행면으로 전진		⊖	右←	→	▷◀	볼플랫	

■ 스텝 1·2: 남성의 리드에 반응하며 역행면으로 전진

①보 전진하며 남성의 오른팔에 바디가 걸리며, 회전 시작한다.

②보 남성의 회전에 반응한다.

■ 스텝 3·4: 여성이 스핀축 역할하며 회전을 완료

③보 스핀 진행, ④보는 엘오디로 후진한다.

■ 스텝 5·6: 역행면으로 후진

⑤보 왼발 디디며 뒤로 무빙을 정지한다.

⑥보 오른발 디디며 남성의 리드에 반응하며 전진한다.

10-3: 홀드를 이미지로 나타낸 것이다.

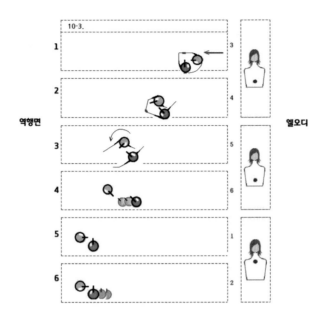

■ 스텝 1 · 2: 역행면으로 옆진행

홀드 상태에서 여성을 전진시키며 ①, ②보 진행한다.

■ 스텝 3 · 4: 출발 포지션 위치로 진행

③, ④보에 홀드를 해제하고 여성과 같이 무빙한다.

■ 스텝 5 · 6: 출발 포지션

⑤보에 왼발로 확고히 서며, 여성을 정지시킨다.

⑥보에서 여성을 부드럽게 전진시킨다.

10-3. 홀드					발끝 방향	무빙	번호	발 접촉	손 위치
스텝		바디/진행 방향/회전량/텐션							
남자	1	⬆←	벽으로 후진		⊖ 右↑	←	❶	볼플랫	복부
	2	◈←	역행면으로 진행	좌 45	÷ 左↖	←	❷	힐플랫	÷
	3	◈←	〃		÷ 右↖	←	❸	힐플랫	÷
	4	◈←	역행면으로 진행		÷ 左↖	←	…		÷
	5	⬆◆	중앙, 향해 선다 [출발 포지션]	右 45	⊖ 左↑	◆	❺	볼플랫	가슴
	6	⬆→	엘오디로 전진		⊖ 右↑	→	…		가슴
여자	1	⬌←	역행면으로 전진		⊖ 左←	←	❶	힐플랫	복부
	2	⬌←	〃	좌 반원	÷ 右←		❷	힐플랫	÷
	3	◈←	〃		÷ 左↙	↻	❸	힐플랫	÷
	4	◈←	〃		÷ 右↘		❹	볼플랫	÷
	5	⬌←	역행면으로 후진 [출발 포지션]		⊖ 左→	←	❺	볼플랫	가슴
	6	⬌→	엘오디로 전진		⊖ 右→	←	÷	볼플랫	가슴

■ 스텝 1 · 2: 남성의 리드에 반응하며 역행면으로 전진

여성 ①, ②보 전진한다.

■ 스텝 3 · 4: 여성 베이직 워킹(진행 및 회전) 하며 회전을 완료

③보에 회전하며 전진한다.

④보에 회전을 마무리 하며 역행면으로 후진한다.

■ 스텝 5 · 6: 역행면으로 후진

⑤보 왼발 디디며 뒤로 무빙을 정지한다.

⑥보 오른발 디디며 남성의 리드에 반응하며 전진한다.

블루스

블루스 이미지

1   **엘오디**

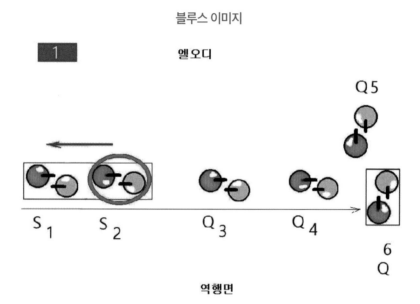

역행면

블루스 차트

블루스 워킹 베이직							
	스텝/카운트·발접촉			바디/진행·텐션			액션
남자	♥	&		~	⊟▷	←		⊖ 클로즈 포지션
	1	S	1	볼플랫	⊟▷	←		⊕ 〃
			2	~		→		⊕ 〃
	2	S	3	힐플랫	⊟▷	→		⊖ 〃
			4	~		→		⊕ 〃
	3	Q	5	힐플랫	⊟▷	→		⊕ 〃
	4	Q	6	힐플랫	⊟▷	→		⊕ 〃 . 후반부 씨비엠
	5	Q	7	힐플랫	⇧	↑	좌 90	⊖ 〃 . 바디 센터 밸런스, 여성을 세운다
	6	Q	8	볼플랫	⇧	↓		⊖ 클로즈 포지션

블루스 음악은 1분에 23~24마디의 속도이다. 블루스는 주로 커플이 홀드 자세로 움직이는 춤이다. 서로 바디를 가까이한 상태에서 같이 움직여야 하기 때문에 춤의 초급 수준을 배우는 분들이 많이 어려워하는 부분이다. 그러나 핵심적인 정보를 배우며 "발접촉"을 정확히 실천한다면 어려워할 내용이 아니라고 생각된다.

춤을 30년 동안 즐기면 그 수준에서 습득되는 기술들이 있다. 이 기술을 30년 동안 기다릴 필요가 없으며, 필요하다면 초급 수준에서부터 그 정보를 접하고 그 절차를 이해하고 훈련한다면 빠르게 원하는 수준의 블루스를 즐길 수 있을 것이다.

이 책에서 블루스 리드와 여성의 테크닉의 스터디를 위하여 중요한 기본 휘겨 10개로 살펴보고자 한다. [1번 휘겨는 "1"과 "1-1"로 구성된다]

먼저 좌측과 같이 이미지나 차트를 한쪽 페이지에 배치하여 한눈에 그 내용을 확인할 수 있도록 노력하였으며, 각 휘겨에 대한 움직임의 "이미지" 자료와 워킹과 바디와의 움직임을 세부적으로 표현한 "차트"를 제시하고 이 2가지의 자료로 휘겨의 리드를 분석하고 해석하는 방식으로 진행하게 된다.

블루스에서 강조드리고 싶은 부분이다.

• 초급자의 경우: 10개 루틴을 정확하게 외워야 한다.

  음악에 맞추어 디디는발이 순서대로 나와야 한다.

  바디 이동 시 "발접촉"을 맞게 실천해야 한다.

  음악에 맞추어 바디 동작이 나와야 한다.

• 중급자의 경우: 음악 박자에 맞게 체중이동 해야 한다.

  바디 진행 시 움직임이 멈추지(찍을 때) 말아야 할 것.

  그리고 올바른 텐션으로 상대와 같이 호흡해야 한다.

1) 블루스 이미지 보는 방법

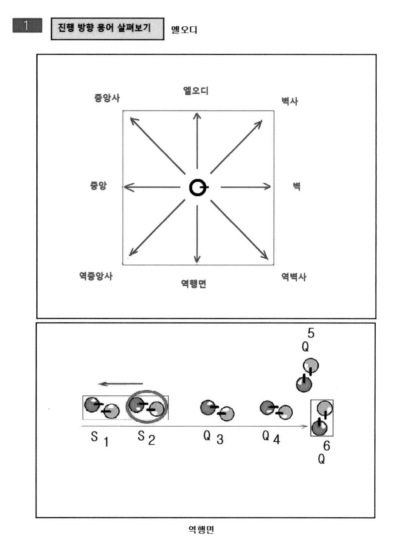

1 **진행 방향 용어 살펴보기** 엘오디

역행면

위의 움직임 이미지는 블루스 1번이며, 걸으며 방향을 변경시키고 있다.

이미지를 기준으로 움직이는 방향을 살펴보면, 위쪽으로 움직이면 엘오디로 움직이고 있는 것이고, 아래쪽으로 진행하면 역행면으로 움직이고 있다고 표현하고자 한다.

아래의 이미지는 브루스1번 휘겨이고, 영어로 "슬로우와 퀵(S·Q)" 표시가 있고 그 옆에는 "숫자"가 표기되어 있다.

슬로우와 퀵은 남성의 바디로 생각한 후, 숫자는 남성을 기준으로 여성이 서 있는 위치로 생각하고-이미지의 움직임을 해석하시기 바란다.

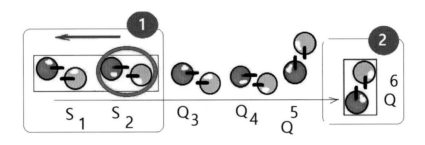

❶번: 위의 이미지에서 ❶번의 박스 안에 있는 "파랑색 원"은 제1보를 출발하기 전의 예비보 상황을 의미한다. 블루스 휘겨 1번의 예비보는 "클로즈 포지션" 자세에서-남성이 오른발 여성은 왼발로 바닥을 디디고 서 있는 "포이즈"(Poise: 커플이 홀드자세를 취하고 있는 상황)이다.

❷번: 하나의 휘겨가 끝나는 마지막 보(스탭)의 상황을 이미지로 표시할 때에는 ❷번의 박스 안에 "검정색 박스"를 사용하여 마지막 스탭의 "포이즈"를 표시하고자 한다.

휘겨 "1"번의 마지막 스텝이 ❷번이라면, 이어서 진행해야할 "1-1"번 휘겨의 예비보는 ❷번이 된다.

블루스 1번. 워킹 베이직									
스텝/카운트·발접촉				바디/진행·텐션					액션
♥		&		~	⊟	←		⊖	클로즈 포지션
남자	1	S	1	볼플랫	⊟	←		⊕	〃
			2	~		→		⊕	〃
	2	S	3	힐플랫	⊟	→		⊖	〃
			4	~		→		⊕	〃
	3	Q	5	힐플랫	⊟	→		⊕	〃
	4	Q	6	힐플랫	⊟	→		⊕	〃 . 후반부 씨비엠
	5	Q	7	힐플랫	⇑	↑	좌 90	⊖	〃
	6	Q	8	볼플랫	⇑	↓		⊖	클로즈 포지션

블루스 휘겨의 차트 해석의 방식은 지르박 차트와 동일하다.

• 체중이 왼발인지 혹은 오른발로 서 있는지의 표시는 동작 이미지를 통해 확인한다.

3) 블루스 워킹 베이직 방법과 분석

■ 블루스 워킹 베이직

블루스 워킹 베이직은 블루스에서 파트너와 같이 전진 후진 및 회전하는 방법을 과학적으로 분석하고자 한다.

블루스는 영어 "S와 Q"으로 박자 길이를 표현한다. 아라비아숫자는 발을 디디는 순번을 의미하며, S와 Q+Q의 박자 길이는 동일하다.

• 파랑색 원은 예비보(♥)를 표시하고 있다.

• 우측 이미지에서 S1이 첫 번째 발(제1보, 1步)이다. 제1보는 남성이 벽을 바라보고 뒤

로 왼발을 뻗어서 디디고, 여성은 전진으로 움직이며 오른발을 디딘다.

- 제2보는 S2이며, 남성이 벽을 향한 채로 전진하며 오른발 디디고 여성은 중앙을 향한 채로 뒤로 왼발을 디디게 된다.

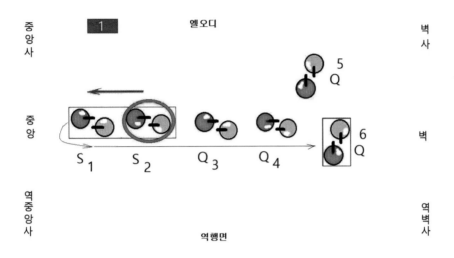

- 스텝 1~2는 블루스에서 링크(Link, 연결고리) 역할을 한다.
- 스텝 3(제3보)은 남성이 벽을 향하고 전진하며 왼발 디딘다.
- 스텝 4는 남성 전진하며 오른발 디딘다. 이때 여성의 상체를 회전시키기 위하여 씨비엠 액션이 진행된다.
- 스텝 5는 남성의 바디가 왼쪽으로 90도 회전하여, 엘오디를 향한 채로 전진하며 왼발을 디딘다. 이때 여성은 바디를 남성 리드에 맡긴다.
- 스텝 6은 남성의 바디가 엘오디를 향한 채로, 오른발을 뒤로하고 디딘다.

남성: 블루스 워킹 베이직

블루스 워킹 베이직에서 중요한 세 가지 포인트는 "박자와 체중이동 완료"에 대한 개념과 "텐션" 관리의 기술과 "4-5보에서 여성이 회전하게 만드는 방법"에 관한 것이다.

여기에서 3가지 중요 포인트를 언급하였지만, 정보 하나를 추가하지 않았다. 이 부분은 위의 3가지 중요 포인트를 언급하기 이전에 춤을 잘하기 위하여 당연히 실천해야 하는 액션이기 때문이다.

그것은 발접촉(Foot Action)이라고 언급되는 기본이 되는 정보이다.

- ♥ 예비보: 예비보 단계에서 홀드 프레임을 확인하고 후진해야 하므로 왼발은 뒤로 뻗어 놓았으며, 오른손목으로 여성에게 후진해야 한다고 신호를 전해야 한다. 남성은 중지 손가락을 약하게 구부리는 정도의 힘으로 ⊖ 텐션을 만든 결과 여성의 왼손목에 그 ⊖ 텐션이 만들어진다. 이 강도를 계속 유지하고 있는 상태에서 음악의 박자를 선택하며 첫발을 움직이는 타임을 결정해야 한다.

- 1보: 남성은 뒤쪽으로 왼발을 디뎌야 한다. 여성이 오른발을 남자 쪽으로 디디게 리드하며, 이러한 동작을 남성과 여성이 동시에 움직이게 만들어 내야 하고, 보통 표현하는 "텐션 리드"라는 기술을 사용해야 한다. 리드라는 개념은 "여성을 먼저 움직이게 하고, 남성은 그것을 확인하고 나서 움직임"이다. 리드 기술이 높을수록 여성과 남성의 움직임 시간 간격이 짧아지게 된다.

남성이 뒤로 이동하니 여성이 보고 따라서 전방으로 움직이는 방식은 곤란하다. 남성이 먼저 움직였기 때문이다. 이때 남성이 여성을 먼저 움직이도록 리드하고 그 리드는 텐션이 바탕이 될 수밖에 없으며, 그 기술로 인해 커플이 같이 움직이는 효과적인 결과를 기대할 수 있다. 남성은 제1보, 뒤로 가기 전에 예비보에서부터 여성에게 앞으로 진행해야 한다는 신호를 주고 있어야 한다. 여성의 손을 잡은 남성의 왼손이 미세하게 뒤로 당겨지고 있어야 한다. 이것은 여성에게 보내는 움직임의 신호이며 텐션이라는 개념이다.

이 부분 내용은 앞의 이론부분 "파트 3의 리드" 항목에서 이미 언급된 바 있다. 그 신호로 여성은 바디가 전방으로 움직일 준비가 완료되었을 것이며, 이어서 남성의 오른손과 여성의 바디가 "중앙(얼라이언먼트)"을 향해 움직이며 바닥을 디디게 된다.

이때가 제1보의 $\boxed{S\ \frac{1}{2}}$ S에서 1에 해당되는 순간이다.

S에서 1은 체중이동이 완료된 순간이다. 남성 왼발이 바닥을 디디는 순간 체중이 완료되어야 하므로 오른발은 바디 아래로 위치되어야 한다.

이어서 차트를 보면, S에서 2를 행할 때 바닥에 발을 디디지 말고 몸을 움직이라고 기록되어 있다. 즉, 제2보를 디디기 위해 바디와 오른발이 그 위치를 찾아가고(~) 있는 순간(박자)이다.

- 2보는 S이며, 박자 초입에 남성은 오른발을 디디며 체중이동을 완료해야 한다. 그리고 박자 후반부에 제3보 Q을 디디기 위해 전방을 향해 무빙(~)해 나간다.
- 3보 Q으로 지나가고 4보 Q에서 좌회전이다.
- 4보에 남성 오른발(여성은 왼발)을 디디게 되면 좌측으로 씨비엠을 진행시키며 상체가 엘오디를 보고 있는 자세를 만들고 난 후에 5보를 디뎌야 한다.

커플 댄스에서 부드러운 움직임의 확보를 위해 와인드업 동작이 필수적이다. 즉, 왼쪽으로 돌기 위해서는 그전에 오른쪽으로 살짝 움직여 주면 그 반작용으로 왼쪽으로 회전이 부드럽게 연결된다. 이때 상체만 독립적으로 먼저 로테이션 해 주는 것이 씨비엠이다. 골반과 하체는 그 후에 상체를 따라 자동으로 움직이게 된다.

- 5보는 엘오디를 향한 채 전진 왼발을 디딜 때, 6보에 뒤로 움직여야 하므로 여성이 5보에서 후진하게 되고 남성은 6보를 위해 여성보다 덜 전진하게 되는 센터 밸런스 자세를 취하게 된다. 이때 여성의 후진을 리드하기 위하여 남성은 팔의 프레임을 유지하고 뒤로 가는 여성의 에너지를 ⊖ 텐션을 이용하여 잡아주고 이어서 여성을 전진시키게 된다.
- 6보는 오른발을 디디게 되는데 4보가 디딘 자리에 6보를 디뎌도 된다.
- 2보 왼발 뒤로 디딜 때도 롤링액션으로 진행시켜야 바디의 움직임이 부드럽게 이루

어진다.

여성이 후진할 때는 항상-남성과의 바디 간격이 변경되어서는 안 된다.

즉, 바디를 컨택했을 때를 예로 들면, 여성이 후진 때 남성과 바디가 떨어지지 않도록 움직여야 한다.

만약 바디가 떨어져 블루스를 진행할 때도 컨택했을 때와 동일하게 그 간격이 벌어지거나 가까워져서는 안 된다는 의미이다.

이 기술은, 여성이 연습을 통해 체득할 수 있음을 경험을 통해 확인하였다.

- 그다음 휘겨에 들어가기 위하여 2개 휘겨를 연결시키는 "S S" 링크를 사용하게 된다.

여성: 블루스 워킹 베이직

- ♥ 예비보 단계에서 홀드 프레임을 고정시킨다. 특히 오른손목이 고정되어 있어야 남성의 왼손 신호인 텐션에 반응할 수 있다.

- 여성 1보. $S \dfrac{1}{2}$ 남성의 리드에 반응하며 박자 초입에 오른발 앞으로 디딜 때 롤링 액션이 이루어져야 한다. 여성 2보에 뒤로 진행해야 하기 때문에 왼발은 뒤에 위치해 있다. 박자 후반부 2에 남성의 바디 리드에 반응하며, 뒤로 바디가 이동한다.

- 2보는 왼발을 디디며 박자 초입에 체중이동 완료를 위해 오른발이 바디 아래에 위치한다. 박자 후반부 2에 남성의 바디 리드에 반응하며, 뒤로 바디가 이동한다.

- 3보는 남성의 전진 리드에 반응하며 이미 뒤로 위치한 오른발을 바닥에 볼로 닿으며 점차 체중을 올리게 된다. 이때 남성의 진행 속도와 같은 속도로 후진해야 한다. 이것은 여성이 두 발이 바닥을 견고하게 접촉한 상태를 만든 후 속도 조절이 가능할 것이다.

- 4보 왼발을 디디며, 남성의 씨비엠 리드에 반응하며 상체가 좌측 로테이션되어야 한다.

블루스 홀드에 있어서 여성은 남성 중심축에서 오른쪽에 여성의 중심축이 위치해 있어야 올바른 포이즈(홀드 자세)이다. 블루스뿐 아니라 트로트에서도 홀드자세가 기본이며, 여성이 남성 오른쪽에 있어야 한다는 점을 항상 염두에 두어야 한다.

특히, 4보에서와 같이 커플이 회전할 때 포이즈를 정확히 해 주어야 한다. 남성도 노력해야 하지만 여성은 남성의 무빙에 따라 그 위치를 찾아가 서 세팅(정확한 포이즈)해 주어야 한다.

블루스 차트의 마지막 칸인 "액션" 칸에 커플의 포지션 정보가 표출된다. 특히 클로즈 포지션의 경우 정확한 포이즈를 만들 수 있어야 좋은 춤으로 움직임이 연결될 수 있다.

• 5보 오른발 뒤로 위치한 상태에서 두 발이 바닥에 견고히 닿아 있고, 센터 밸런스 상태에 바디가 도달하면 양쪽 발바닥이 모두 바닥에 닿아 있는 상태이다. 이때는 남성의 왼손이 정지상태가 된다. 여성도 이에 반응하며 오른손목이 정지상태로 ⊖ 텐션을 유지하며 머리가 "진자운동" 하듯이 뒤로 움직이면 ⊖ 텐션 강도가 최고가 되고 이후 어리가 남성 쪽으로 무빙하여 바디를 같이 진행시키게 된다. 이때 발바닥은 롤링 동작으로 수행되어야 상체의 무빙이 가능해진다.
• 6보에 왼발을 디디며 전진 무빙한다.
블루스 1번을 사례로 실천해야 할 중요한 3부분을 살펴보았다.

블루스 춤을 즐길 때는 음악의 박자를 잘 들어야 한다. 그리고 무빙을 하게 되는데 박자에 맞는 체중의 움직임을 실천해야 한다.
전진 시에는 바디가 먼저 무빙하게 되며, 후진 시에는 발이 먼저 뒤로 뻗어진 후 바디의 움직임이 뒤따라야 한다. 홀드하고 있는 상체의 팔은 가슴으로 큰 공을 안고 있는 듯 홀드 프레임을 서로 유지하도록 노력해야 한다. 특히 박자에 맞추어 바디가 정지 없이 흐르도록 부드러움을 유지한다.

1번: 지그재그 돌려 세우기

블루스 1번. 휘겨 "지그재그 돌려 세우기"는 링크 스텝(SS)-리버스 4Q(QQQQ)-지그재그-스위블 돌려 세우기를 하며 진행한다.

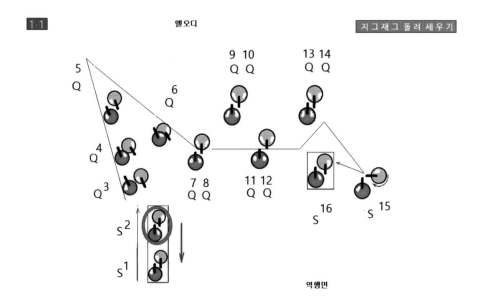

남성

블루스 1. 지그재그 돌려 세우기

- ♥ 예비보 단계인 클로즈 포지션 상태에서 [링크] 동작을 진행하기 위하여 남성 왼손은 여성 오른손을 살짝 뒤로 당기며 ⊖ 텐션은 유지한다. 이때 왼발-1보가 디뎌질 위치인 뒤쪽으로 뻗어져 있어야 한다.

- 1보~2보는 [링크]이다. 앞의 휘거와 뒤의 휘거를 연결해 주는 박자 구간이다.

- 1보에 왼발 엄지발가락이 바닥에 닿으며 체중을 올리게 되는데, 센터 밸런스 위치에서 후진을 멈추며 ⊕ 텐션을 생성해 낸다.

  상체는 ⊕ 텐션을 유지하며, 골반은 왼발이 충분히 디딜 수 있도록 발바닥이 롤링액션을 진행하고 (발가락 끝-볼-발바닥 중심-발바닥 전체가 바닥을 디디고-힐이 닿고-다시 반대로 발바닥 전체가 바닥을 디디고-발바닥 중심-볼-발가락 끝-바닥에서 발이 떨어진다.) 바디를 전진시키며 ⊕ 텐션 상태를 밀고 전진 리드한다.

  전진 리드 시-오른발 역시 롤링 액션을 진행하며 바닥을 디디고 체중을 이동시킨다.

- 2보를 디딜 때 S카운트이므로 2개 박자로 나누어진다. 2보 초입에는 체중이동을 완료시킨다. 이 순간 뒤로 이동하는 여성이 잡히게 되며 순간적으로 정지시키는 상황이 될 것이다.

이것이 ⊖ 텐션이 발생되는 방식이다. 이어서 여성을 후진시키기 위하여 남성의 바디가 남성의 왼손이 부드럽게 진행 리드를 하게 되어 ⊖ 텐션이 ◎ 그리고 ⊕ 텐션으로 바뀌며 여성을 리드하게 된다.

차트에는 2보에서 ⊖, ⊕ 텐션으로 표기되었지만, 바디의 움직임은 세밀하게 연결되므로 남성의 리드는 ⊖, ◎, ⊕ 텐션 시스템으로 만들어 나가야 한다.

3보에 사선으로 진행해야 하므로, 2보 후반부에 전진 리드 시 비켜선 포지션으로의 변경을 목적으로 남성의 바디가 좌측 45도 진행을 준비한다.

- 3보~7보는 남성이 비켜선 포지션(Out Side Position)을 만들며 전진하게 된다. 1보~2보에서는 여성이 남성 앞을 막고 있는 클로즈 포지션(Close Position)으로 무빙하였고, 3보에서 적극적으로 여성과 진행하기 위하여 여성이 남성의 길을 막지 않도록 하는 비켜선 포지션을 만들고 힘차게 전진하는 것이다.

남성이 블루스를 잘 리드하기 위해서는 중요한 포지션 3개를 정확하게 만들 수 있어야
한다. 그것은 "클로즈 포지션-비켜선 포지션-피피 포지션"이다. 블루스는 커플이 움직
일 때 항상 3가지 포지션을 주로 변경시키며 진행하는 것이다. 이 부분을 정확히 만들
며 진행할 때 기본적인 남성의 리드는 완성된다.

3~5보는 남성이 비켜선 포지션으로 전진하고 6보에 후진하며 7보에 후진과 동시에 8보
오른발은 옆으로 디디며 우측 45도 각도를 보게 된다. 일반적으로 5~6보의 형태를 "로
터리"라는 용어를 쓰기도 한다.
이 책에서는 로터리라는 용어 대신, 4Q(QQQQ)이라고 부르는 2가지의 용어를 사용하
고자 한다.

블루스 4Q(QQQQ) 용어

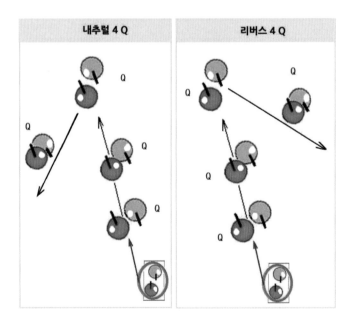

• 3보는 4개의 연속되는 카운트 Q의 시작이며, 힘차게 출발해야 한다. 3보와 4보는 연

속되는 2개의 Q카운트이므로 힐플랫을 실컨하며 무빙이 연속적으로 진행된다. 5보는 연속되는 3개의 전진 Q카운트 3보의 마지막 발이라는 것이 의미가 크다. 그리고 4보와 5보 관계는 남성이 전진과 후진을 실천할 때, 여성이 후진과 전진하는 동작을 부드럽게 연결시켜 진행해야 하는 것이다.

- 4보는 5보를 보조하는 역할을 해야 한다. 4보 오른발 힐플랫으로 바닥을 디딜 때, 발의 롤링 액션으로 힐 닿은 후 볼로 진입할 때 여성을 살짝 던져놓는다는 느낌으로 리드하여 ⊕ 텐션을 의도적으로 만들게 된다. 그 결과로 여성은 4보에 뒤로 던져졌으며 5보에 남성이 의도된 ⊖ 텐션을 만들게 된다.

- 5보는 남성이 6보에 여성을 방향 전환 시키기 위하여 여성을 잡고 ⊖ 텐션을 만든 후 그 강도를 뒤로 끌고 이어서 6보와 7보를 연결하게 된다. 결국 남성의 5보 센터 밸런스 상태에서 바디가 정지되고 5보 후반부에 바디와 머리가 뒤로 이동하며 여성을 비켜선 포지션에서 전진시켜야 한다.

- 6보는 남성이 후진하며 오른발을 디디고 7보를 향해 진행한다.

- 7보는 후진하는 에너지를 유지하며 왼발이 바닥을 디디며 여성을 정면에 세우는 리드를 하게 된다.

- 8보에 오른발을 옆에 볼플랫으로 디디며 클로즈 포지션을 만든다.

- 9보~14보는 일명 지그재그 스텝이다. 여성을 앞에 세운 클로즈 포지션을 유지한 채 남성의 우측으로 이동하며 커플이 전방과 후방으로 갔다 왔다 무빙을 진행한다. 이때 남성의 중요한 리드는, 여성을 먼저 뒤로 움직여 놓고 공간이 생긴 자리에 남성이 발을 디디는 것이 중요하다. 9~14보 움직이는 동안 남성의 상체 어깨는 엘오디를 향해 고정되는 것이 좋으며, 사선으로 움직여야 하는 관계로 하체만 움직일 것이다.

- 15보는 카운트 S이다. 15보 초입에 우측사선 후방으로 남성이 후진하고 전진하는 여성을 후반부에 방향 전환 시킨다(스위블 액션).

- 16보는 14보의 위치로 디디기 위하여 여성을 리드하며 전방으로 무빙한다. 16보 후반부에 클로즈 포지션으로 마무리한다.

블루스 1. 지그재그 돌려 세우기									
	스텝/카운트·발접촉				바디/진행·텐션				액션
남자	♥	&		~	⇧	↓		⊖	클로즈 포지션
	1	S	1	볼플랫	⇧	↓		⊕	클로즈 포지션
			2	~	⇧	↑		⊕	
	2	S	3	힐플랫	⇧	↑		⊖	
			4	~	◈	↘	좌45	⊕	
	3	Q	1	힐플랫	◈	↘		⊕	비켜선 포지션
	4	Q	2	힐플랫		↘		⊕	
	5	Q	3	힐플랫		↘		⊖	
	6	Q	4	볼플랫		↘		⊖	
	7	Q	1	볼플랫	◈	↘		⊕	비켜선 포지션
	8	Q	2	볼플랫		→	우45	⊕	클로즈 포지션. 지그재그
	9	Q	3	힐플랫		↗		⊖	
	10	Q	4	볼플랫		→		⊖	
	11	Q	5	볼플랫	⇧	↘		⊕	
	12	Q	6	볼플랫		→		⊕	
	13	Q	7	힐플랫		↗		⊖	
	14	Q	8	볼플랫		→		⊖	
	15	S	1	볼플랫	⇧	↘		⊕	역출발 포지션
			2	~		←		⊖	
	16	S	3	힐플랫	⇧	↖		◎	역출발 포지션
			4	~	⇧	↑		⊕	클로즈 포지션

여성

블루스 1. 지그재그 돌려 세우기

• ♥ 예비보 단계인 클로즈 포지션 상태에서 [링크] 동작을 진행하기 위하여 남성이 여성 오른손을 살짝 뒤로 당기면 여성은 오른손이 고정된 상태(프레임 유지)이므로 ⊖ 텐션 상태가 발생되고, 여성은 이 당겨지는 강도를 그대로 유지하고 있어야 한다. 이

때 오른발은-1보가 디뎌질 위치인 앞쪽으로 뻗어지고 있어야 한다.

- 1보~2보는 [링크]이다. 앞과 뒤의 휘거를 연결해 준다.

- 1보에 오른발 힐이 바닥에 닿으며 체중을 올리게 되는데, 센터 밸런스 위치에서 남성이 후진을 멈추었고 여성은 전진하니 ⊕ 텐션을 생성해 낸다. 남성이 ⊕ 텐션 상태를 이용해 2보를 디디기 위해 밀고 전진 리드해 온다. 여성은 1보 후반에 남성의 리드에 반응하며 후진을 시작하게 된다.

- 2보를 디딜 때 S카운트-2개 박자로 나누어진다. 2보 초입에는 왼발로 체중이동을 완료시킨다. 이 순간 남성은 전진하다 **정지상태**가 되어 뒤로 이동하는 여성이 잡히게 되고, 순간적으로 여성을 정지시키는 상황이다.

- 3보~7보는 비켜선 포지션(Out Side Position)을 만들며 후진한다. 남성이 블루스를 리드하며 중요한 포지션 3개를 만들며 진행하게 된다. 그것은 "클로즈-비켜선-피피 포지션"이다.

- 3보는 4개의 연속되는 카운트 Q의 시작이며, 남성의 힘찬 전진에 반응하며 뒤쪽으로 3보 진행한다.

- 4보는 5보를 보조하는 역할을 한다. 4보 왼발 볼플랫으로 바닥을 디딜 때, 남성은 5보에서 여성을 잡기 위해 던지는 동작을 유발하게 된다. 이때 왼발 엄지발가락이 바닥에 닿고-플랫으로 디디고-힐로 바닥을 누르고 있어야 한다. 6보에 다시 바디가 그 발로 돌아오게 되고 그때는 발바닥의 롤링액션으로 바디를 힘 있게 전진시킬 준비를 하는 것이다.

- 5보는 남성이 4보에 여성을 던졌고 그 힘으로 후진하게 되지만, 센터 밸런스 상태에서 하체는 고정시키고 상체가 진자운동과 같이 움직이며 전진하게 된다. 이때가 여성의 기량이 나타나는 중요한 순간이다. 남성은 여성을 던져 놓았고 잡을 준비를 완료하였다. 여성은 후방으로 던져졌고 남성이 잡을 준비를 하고 있으니, 그에 반응하여 여성은 하체가 센터 밸런스에서 고정되고-상체가 진자운동 하는 중에-여성의 오른손목은 남성의 왼손에 잡히도록 움직임 조절을 해 주어야 한다. 이 순간을 저자는 "여성이 남성을 위해 춤추는 것"이라고 표현하곤 한다.

		블루스 1. 지그재그 돌려 세우기							
	스텝/카운트·발접촉				바디/진행·텐션				액션
여자	♥	&		~	⇕	↓		⊖	클로즈 포지션
	1	S	1	힐플랫	⇕	↓		⊕	
			2	~		↑		⊕	클로즈 포지션
	2	S	3	볼플랫	⇕	↑		⊖	
			4	~	◇	↖		⊕	
	3	Q	1	볼플랫		↖	좌45	⊕	비켜선 포지션
	4	Q	2	볼플랫		↖		⊕	
	5	Q	3	볼플랫	◇	↖		⊖	
	6	Q	4	힐플랫		↘		⊖	
	7	Q	1	힐플랫	◇	↘		⊕	비켜선 포지션
	8	Q	2	볼플랫		→	우45	⊕	
	9	Q	3	볼플랫		↗		⊖	
	10	Q	4	볼플랫		→		⊖	
	11	Q	5	힐플랫	⇕	↘		⊕	클로즈 포지션. 지그재그
	12	Q	6	볼플랫		→		⊕	
	13	Q	7	볼플랫		↗		⊖	
	14	Q	8	볼플랫		→		⊖	
	15	S	1	힐플랫	◇	↘	좌45	⊕	역출발 포지션
			2	~	⬄	←	우135	⊖	
	16	S	3	힐플랫	⬄	↖		◎	역출발 포지션
			4	~	⇕	↓	좌90	⊕	클로즈 포지션

• 6보는 남성이 후진에 반응하며 전진하여 7보를 향한다.

• 7보에 전진하며 오른발 힐플랫으로 디디게 되면 남성이 진행을 막는 바디 리드가 나타난다.

- 8보에 남성의 리드에 반응하며 왼발을 옆에 볼플랫으로 디디며 클로즈 포지션을 만들기 위하여 남성의 오른쪽에 위치한다.

- 9보~14보까지는 클로즈 포지션을 유지하며 지그재그 스텝을 진행한다. 지그재그 스텝 방법은 왼쪽으로 살짝 이동하면서, 뒤로 그리고 앞으로 이동하는 모양이다.

- 15보는 카운트 S이다. 15보 초입에 좌측사선 전방으로 남성이 후진하고 이에 따라서 여성이 오른발을 바닥에 디디며 스위블하고 중앙을 보게 된다.

- 16보는 앞의 14보 자리로 다시 돌아가는 상황이 된다. 이때도 남성은 바디방향이 변화가 없으며, 여성은 왼발로 바닥을 디디며 스위블 한 결과 역행면을 보고 정지하게 된다.

- 16보는 앞의 14보 자리로 다시 돌아가는 상황이 된다. 16보도 카운트 S이다. 남성이 의도한 리드에 따라 16보 초입에 여성은 왼발을 전진시키며, 중앙사를 보고 디디게 되고, 후반부에 여유 있는 몸동작으로 역행면을 향해 스무스하게 바디가 회전하며 클로즈 포지션을 찾아가도록 한다.

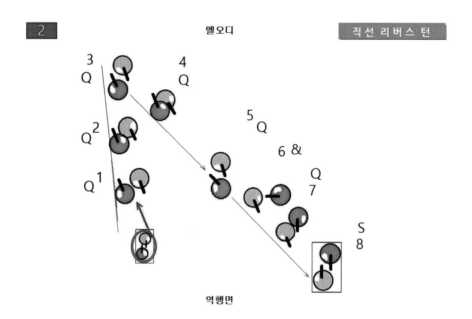

직 선 리 버 스 턴

엘오디

역행면

남성

블루스 2. 직선 리버스 턴

- 1~4보를 리버스 4Q(QQQQ)으로 무빙한다. 1보 2보 QQ으로 진행하며, 4보는 후진해야 한다. 이 부분을 잘 연결하기 위하여 2보 후반에 오른발 디딜 때 여성을 ⊕ 텐션으로 후진 리드-3보에 왼발 전진 시 센터 밸런스에서 ⊖ 텐션으로 여성을 잡고-4보에 후진하며 이미 형성된 ⊖ 텐션을 이끌고 후진한다.

- 5~7보는 샤세 스텝이며 리버스 턴 휘거이다. 여성은 이미지상, 역벽사를 향하여 직진하게 되며, 남성은 여성이 지나갈 길을 비켜 주고 마지막 보에 여성을 잡아주는 움직임이다.

여기서 샤세는 다음의 공식으로 실천해야 좋을 것이다.

샤세의 움직임은 Q&Q이다. 박자의 길이는 2박자인 QQ이며-여기서 발을 3개 디뎌야 한다-"Q&"은 1박, Q은 1박-그래서 2박자이다. 2박자에 3발을 디디려면 발이 많아져서 모양이 좋아 보이지 않을 수 있다. 잘못하면 깡충깡충 뛰는 것처럼 보이기도 한다.

"오른발 왼발 오른발"로 부드럽게 샤세 하기 위한 방법은 다음 표와 같이 박자를 잘 사용해야 한다.

샤세 = Q & Q

- 샤세 하기 전에는-미리 오른발을 ⓐ와 같이 디딜 곳에 갖다 놓아야 한다.
- 앞의 Q = 오른발이 바닥을 디디고, 왼발은 &에 디뎌야 할 곳에 미리 갖다 놓아야 한다. 2개 동작을 동시에 수행한다.
- & = 왼발 볼로 바닥을 디디고 오른발은 마지막 Q에 디뎌야 할 곳에 미리 갖다 놓는다. 여기서도 2개 동작을 동시에 수행한다.
- 뒤의 Q = 박자 초입에 오른발로 체중이동을 완료한다.

발이 많거나 박자를 여유 있게 끌고 가려 할 때는 발을 미리 디뎌야 할 곳에 위치시켜 놓아야 한다.

샤세 액션을 하는데 중요한 포인트는 바디의 움직임이다. 샤세를 진행해야 하는 5~7보를 잘 수행하기 위해서는 3보와 4보에서 바디의 움직임을 만들어서 7보까지 잘 연결시켜야 한다.

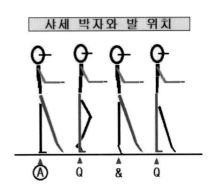

샤세 박자와 발 위치

ⓐ   Q   &   Q

그 움직임을 만들어 내기 위해서는 발바닥의 롤링 동작인 3보와 4보에서 발의 롤링 액션을 실천하여야-바디가 3보에 전진한 후 그 반작용(와인드업 액션)으로 4보에 바디가 탄력을 얻어 후진을 힘 있게 진행하게 되어 여성이 가야할 길을 시원하게 비켜 줄 수 있게 된다.

이에 추가하여 앞에서 살펴본 샤세의 공식까지도 잘 실천해야 한다.

남성이 샤세를 진행하면서, 5보에 클로즈 포지션, 6보에 역출발 포지션, 7보에 피피 포지션으로 바디를 명확히 변경시키면 여성을 잘 리드하는 액션이 된다.

- 8보 초입에서 남성이 전진하는 여성을 잡으며 ⊖ 텐션 상태가 되었고, 8보 후반부에서는 여성 스스로가 계속 진행하려는 힘이 남성에 의하여 브레이크가 걸리며 스위블되어 클로즈 포지션이 만들어지게 된다.

남성은 마지막 보의 S 박자에서 클로즈 포지션을 박자 초에 만들려고 당기기보다는, 박자 후반부에 만드는 것이-후행 스텝의 박자와 부드러운 연결을 만들어 내는 데 도움이 될 것이다.

블루스 2. 직선 리버스 턴								
	스텝/카운트·발접촉				바디/진행·텐션			액션
	♥	&		~	↑	↖		⊕	클로즈 포지션
	1	Q	1	힐플랫		↖	좌45	⊕	비켜선 포지션
	2	Q	2	힐플랫	◇	↖		⊕	
	3	Q	3	힐플랫		↖		⊖	
남자	4	Q	4	볼플랫		↘		⊖	
	5	Q	하	볼플랫	◇	↘		◎	클로즈 포지션
	6	&	나	볼	◇	←	좌45	◎	역출발 포지션
	7	Q	2	볼플랫	⬍	↓	좌90	◎	피피 포지션
	8	S	3	힐플랫	⬍	↓		⊖	역출발 포지션
			4	~	⬍	↓		⊕	클로즈 포지션

여성

블루스 2. 직선 리버스 턴

- 1~4보를 리버스 4Q(QQQQ)으로 무빙한다. 1보 2보 후진으로 QQ 진행하며, 4보는

전진해야 한다.

이 부분을 잘 연결하기 위하여 2보 후반에 4보 전진을 예상해야 하며, 3보에 오른발 후진 시 센터 밸런스에서 남성 리드에 의해 ⊖ 텐션이 걸린다-4보에 전진하기 위하여 걸려 있는 이 ⊖ 텐션을 활용해야 하며-와인드업(Wind Up) 액션을 사용하며 남성의 리드에 반응하면서 바디를 힘차게 전진시킨다. 물론 바디가 먼저 무빙하고 발은 뒤따를 것이며 박자는 발이 바닥을 디디는 타임에 맞추어야 한다.

결국 바디는 끊어짐 없이 댄스가 끝날 때까지 움직여야 하며, 박자를 맞추는 것은 하체가 된다. 춤은 바디의 움직임으로 이루어진다는 관점도 있는데 저자도 여기에 한 표!

블루스 2. 직선 리버스 턴									
	스텝/카운트·발접촉				바디/진행·텐션				액션
여자	♥	&		~	⇕	↘		⊕	클로즈 포지션
	1	Q	1	볼플랫		↘	좌45	⊕	비켜선 포지션
	2	Q	2	볼플랫	◇	↘		⊕	비켜선 포지션
	3	Q	3	볼플랫		↘		⊖	비켜선 포지션
	4	Q	4	힐플랫		↘		⊖	비켜선 포지션
	5	Q	하	힐플랫		↘		◎	클로즈 포지션
	6	&	나	볼	◇	↘		◎	역출발 포지션
	7	Q	2	볼플랫		↘		◎	피피 포지션
	8	S	3	힐플랫	⇨	↘	좌 135	⊖	역출발 포지션
		S	4	~	⇧	↑		⊕	클로즈 포지션

블루스 2. 직선 리버스 턴									
	스텝/카운트·발접촉				바디/진행·텐션				액션
여자	♥	&		~	↕	↖		⊕	클로즈 포지션
	1	Q	1	볼플랫		↖	좌45	⊕	비켜선 포지션
	2	Q	2	볼플랫		↖		⊕	
	3	Q	3	볼플랫		↖		⊖	
	4	Q	4	힐플랫		↘		⊖	
	5	Q	하	힐플랫		↘		◎	클로즈 포지션
	6	&	나	볼		↘		◎	역출발 포지션
	7	Q	2	볼플랫		↘		◎	피피 포지션
	8	S	3	힐플랫	↦	↘	좌135	⊖	역출발 포지션
			4	~	↥	↑		⊕	클로즈 포지션

- 5~7보는 샤세 스텝으로 진행하는 리버스 턴 휘겨이다. 여성은 이미지를 보면, 역벽사를 향해 직진하게 되며, 남성은 여성이 지나갈 길을 비켜 주고 마지막 보에 여성을 잡아주는 움직임이다.

여성이 진진하고 있을 때, 남성의 리드는 다음과 같다.

남성이 5보에 클로즈 포지션, 6보에 역출발 포지션, 7보에 피피 포지션으로 바디를 명확히 변경시키면서 여성의 바디를 그 포지션에 맞게 잘 리드할 것이다.

혹시 남성이 이 부분에서 원활한 리드가 부족하다면, 여성이 그 포지션을 예측하고 그 포지션 위치에 발을 디딜 수 있도록 진행해 주는 것이 좋아 보일 것이다. 이것이 커플댄스의 아름다움이며 상대를 존중해 주는 행위라고 생각한다. 저자가 이런 표현을 하는 것은 남성뿐만 아니라 여성도 사교댄스를 즐길 때 그 춤에 대한 고민과 공부가나와 내 파트너를 위해서 필요하다는 것을 언급하고자 하는 것이다.

- 8보 초입에서 여성은 계속 직진을 해 주어야 한다. 만약 여성이 턴을 해 버리면 8보

후반부의 박자값에 바디가 정지되기도 한다.

여성이 전진하며 왼발을 디디게 되면 남성은 8보 초입에 체중이동을 완료하고 있으므로 ⊖ 텐션 상태가 형성되고, 8보 후반부에서는 여성 스스로가 계속 진행하려는 힘이 남성에 의하여 브레이크가 걸리며 하체 스위블로 인해 클로즈 포지션이 만들어지며 ⊕ 텐션 상태가 된다.

블루스 3번 휘겨인 "사선 리버스 턴"은 내추럴 4Q(QQQQ) 이후 직진하는 여성을 받아서 90도 좌회전 후 클로즈 포지션을 만든다.

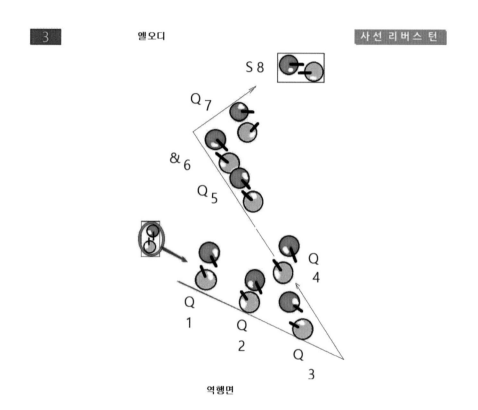

엘오디

사 선 리 버 스 턴

역행면

블루스 3. 사선 리버스 턴

• 1~4보를 내추럴 4Q(QQQQ)으로 무빙한다. 1보 2보 QQ으로 진행하며, 4보는 후진해야 한다. 이 부분을 잘 연결하기 위하여 2보 후반에 오른발 디딜 때 여성을 ⊕ 텐션으로 후진 리드-3보에 왼발 전진 시 센터 밸런스에서 ⊖ 텐션으로 여성을 잡고-4보에 이

미 형성된 ⊖ 텐션을 이끌고 후진한다.

• 5~7보는 샤세 스텝으로 리버스 턴 휘거이다.

여성은 이미지상, 중앙사를 향하여 직진하게 되며, 남성은 여성이 전진해 오는 것을 받아서 방향 전환 리드하고 마지막 보에 여성이 벽사를 향하도록 잡아주는 움직임이다. 여기서 샤세는 블루스 2번 직선 리버스 턴의 공식으로 실천해야 좋을 것이다. 샤세 액션을 하는데 중요한 포인트는 바디의 움직임이다.

샤세를 진행해야 하는 5~7보를 잘 수행하기 위해서는 3보와 4보에서 바디의 와인드업 움직임을 잘 만들어서 7보까지 부드럽게 연결시켜야 한다.

그 움직임을 만들어 내기 위해서는 발바닥의 롤링 동작인 3보와 4보에서 발의 롤링 액션을 실천하여야-바디가 3보에 전진한 후 그 반작용(와인드업 액션)으로 4보에 바디가 탄력을 얻어 후진을 힘 있게 진행하게 되어 여성이 시원하게 진행할 수 있게 된다.

남성이 5보와 6보인 "Q&"의 후진은 "여성을 배려하지 않고 남성만 와인드업 액션의 탄력으로 5~6보 후진"하면 된다.

이때 여성도 와인드업 액션의 결과로 남성 바디가 후진하면 별다른 리드 없이 전진하게 될 것이다.

남성 7보는 각도를 좌측 90도 턴 하며 피피 포지션을 만들어야 하므로, 여성의 5~6보 전진을 6보에서 흡수하면 ⊕ 텐션이 만들어지며 7보의 피피 포지션으로 함께할 수 있다.

• 8보 초입에서 남성이 오른발 전진하며 같이 진행하는 여성을 잡으며 ⊖ 텐션 상태가 되었고, 8보 후반부에서는 여성 스스로가 계속 진행하려는 힘이 남성에 의하여 브레이크가 걸리며 스위블 되어 클로즈 포지션이 만들어지게 된다.

남성은 마지막 보의 S 박자에서 클로즈 포지션을 박자 초에 만들려고 당기기보다는, 박자 후반부에 만드는 것이-후행 스텝의 박자와 부드러운 연결을 만들어 내는 데 도움이 될 것이다.

여성

블루스 3. 사선 리버스 턴

• 1~4보를 내추럴 4Q(QQQQ)으로 무빙한다.

1보 2보 후진으로 QQ 진행하며, 4보는 전진해야 한다.

이 부분을 잘 연결하기 위하여 2보 후반에 4보 전진을 예상해야 하며, 3보에 오른발 후진 시 센터 밸런스에서 남성 리드에 의해 ⊖ 텐션이 걸린다-4보에 전진하기 위하여 걸려 있는 이 ⊖ 텐션을 활용해야 하며-와인드업(Wind Up) 액션을 사용하며 남성의 리드에 반응하면서 바디를 힘차게 전진시킨다. 물론 바디가 먼저 무빙하고 발은 뒤따를 것이며 박자는 발이 바닥을 디디는 타임에 맞추어야 한다.

• 5~7보는 샤세 스텝으로 진행하는 리버스 턴 휘거이다. 여성은 이미지를 보면, 중앙사를 향해 직진하게 되며, 남성은 여성이 전진해 오는 5~6보를 잘 받아내며 7보에 좌측 90도 턴 하며 피피 포지션을 만들게 된다.

• 8보도 여성은 직진하지만 왼발을 디디는 8보 초입에서 여성은 남성의 리드로 ⊖ 텐션 상태가 형성되고, 8보 후반부에서는 여성 스스로가 계속 진행하려는 힘이 남성에 의하여 브레이크가 걸리며 하체 스위블로 인해 클로즈 포지션이 만들어지며 ⊕ 텐션 상태가 된다. 이때 여성이 클로즈 포지션을 만들기 위하여 8보 초입에 턴을 하지 않도록 하는 것이 좋다.

블루스 3. 사선 리버스 턴								
스텝/카운트·발접촉				바디/진행·텐션				액션
	♥	&		~	⬍	↘		⊕	클로즈 포지션
남자	1	Q	1	힐플랫		↘	좌45	⊕	비켜선 포지션
	2	Q	2	힐플랫	◇	↘		⊕	
	3	Q	3	힐플랫		↘		⊖	
	4	Q	4	볼플랫		↖		⊖	
	5	Q	하	볼플랫	◇	↖		◎	클로즈 포지션
	6	&	나	볼		↖		◎	
	7	Q	2	볼플랫	⬌	↗	좌45	◎	피피 포지션
	8	S	3	힐플랫	⬌	↗		⊖	역출발 포지션
			4	~		→		⊕	클로즈 포지션
	♥	&		~	⬆	↘		⊕	클로즈 포지션
여자	1	Q	1	볼플랫		↘	좌45	⊕	비켜선 포지션
	2	Q	2	볼플랫	◇	↘		⊕	
	3	Q	3	볼플랫		↘		⊖	
	4	Q	4	힐플랫		↖		⊖	
	5	Q	하	힐플랫	◇	↖		◎	클로즈 포지션
	6	&	나	볼		↖		◎	
	7	Q	2	볼플랫	◇	↗	우90	◎	피피 포지션
	8	S	3	힐플랫	⬆	↗	좌135	⊖	역출발 포지션
			4	~	⬌	←		⊕	클로즈 포지션

4번: 피피 샤세 막고 돌기

블루스 4번 휘겨인 "피피 샤세 막고 돌기"는 2보턴-피피 샤세-여성을 막고 턴-피피 샤세-클로즈 포지션으로 진행한다.

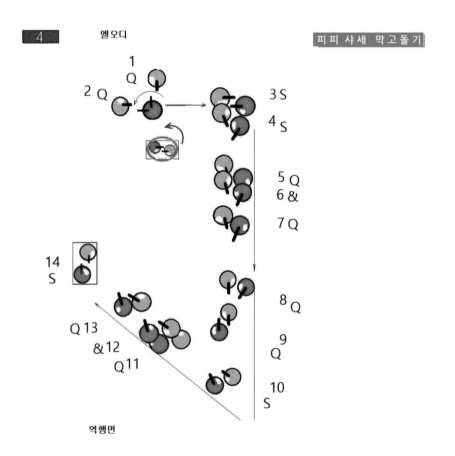

블루스 4. 피피 샤세 막고 돌기

- 1보~2보를 QQ으로 180도 턴 한다. 블루스에서 휘겨와 휘겨 사이의 연결 시 턴을 많이 사용한다.

남성이 QQ으로 턴을 실행할 때, 중요 포인트가 있다.

- 첫째: 턴을 시작할 때는 매우 느린 속도로부터 시작해야 한다.

- 둘째: 턴을 할 때 여성을 회전시키고 이후에 남성이 회전한다. 여성을 먼저 회전시켜야 할 때는 씨비엠(CBM) 액션을 사용해야 한다. 여기서 춤을 출 때 중요한 액션인 씨비엠에 관하여 알아본다.

- 셋째: 여성을 먼저 회전시키기 위해서는 남성이 흔들리지 않는 홀드 상태를 유지한 채 무빙해야 한다.

- 넷째: 턴을 끝낼 때는 1보 전에 회전 속도를 늦추며 상대에게 신호가 전달되도록 한다.

• 3~4보는 후진하며 피피 포지션을 만든다. 3보에 왼발 뒤로하고 후진을 진행하면 여성도 전진하게 된다. 이 부분에서는 바디가 서로 접촉하는 콘택트 포지션 상태에서 4보에 피피 포지션으로 변형되어야 여성이 편할 것이다. 피피 포지션은 남성이 앞쪽에 여성을 리드해 나가야 하므로, 남성이 앞쪽 위치에 여성은 약간 뒤쪽으로 위치한 상황이 되어야 좋다.

씨비엠 : Contrary Body Movement(CBM)

• 씨비엠은 바디의 약한 로테이션(비틀림)이라는 의미가 포함되어 있다. 골반과 어깨가 다른 방향을 보고 있다고 해석이 된다.

• 어깨는 고정하고 골반을 무빙하는 것과 골반은 정지해 있고 어깨를 무빙시키는 경우이다. 사교춤에서는 후자의 경우가 많다.

• 우선 골반을 고정해 놓고 시선을 돌리면 어깨가 돌게 된다. 이후에 골반은 어깨가 향한 방향으로 끌려온다.

• 남성이 턴을 시도할 때 바디가 통으로 무빙하는 것보다는 관절이 서로 다르게 움직이는 춤이 상대도 편하고 보기에도 부드러움이 있을 것이다.

- 5~7보는 피피 포지션으로 샤세 스텝을 진행한다.

남성은 피피 포지션에서 ⊖ 텐션 상태이므로, 그 ⊖ 텐션 강도를 유지하며 바디를 진행시키면 여성은 남성과 세트(?)로 무빙하게 된다.

샤세 스텝을 진행할 때 중요한 포인트는 바디의 움직임이다. 샤세를 진행해야 하는 5~7보를 잘 수행하기 위해서는 3보와 4보에서 바디의 움직임을 만들어서 7보까지 잘 연결시켜야 한다.

그 움직임을 만들어 내기 위해서는 발바닥의 롤링 동작인 3보와 4보에서 발의 롤링 액션을 실천하여야·바디가 3보에 후진한 후 그 반작용(와인드업 액션)으로 4보에 바디가 탄력을 얻어 전진을 힘 있게 진행하게 되어 여성과 같이 시원하게 전진할 수 있게 된다.

블루스 4. 피피 샤세 막고 돌기								
스텝/카운트·발접촉				바디/진행·텐션				액션
♥	&		~	⊟	↻		⊖	클로즈 포지션
1	Q	1	힐플랫	⇧	↻	좌90	⊖	클로즈 포지션
2	Q	2	힐플랫	⇦	↻	좌90	⊖	
3	S	3	볼플랫	⇦	→		⊕	
		4	~		→		◎	
4	S	5	볼플랫	⬙	↑	우45	⊕	피피 포지션
		6	~		↓		⊖	
5	Q	하	힐플랫		↓		⊖	
6	&	나	볼	⬙	↓		◎	
7	Q	2	볼플랫		↓		⊖	
8	Q	3	힐플랫		↓		⊖	
9	Q	4	볼플랫	⇧	↓	우135	⊕	클로즈 포지션
10	S	5	볼플랫	⬙	↓	좌45	⊕	피피 포지션
		6	~		↖		⊖	
11	Q	일	힐플랫		↖		⊖	
12	&	곱	볼	⬙	↖		◎	
13	Q	8	볼플랫		↖		⊖	
14	S	9	힐플랫	⇧	↖	우45	⊖	역출발 포지션
		10	~		↑		⊕	클로즈 포지션

표 왼쪽 세로: 남자

이에 추가하여 앞에서 살펴본 샤세의 공식까지도 잘 실천해야 한다.

남성이 샤세를 진행하면서, 5보에 힐플랫, 6보에 볼에 이어서 9보에는 여성보다 앞서 나가며 여성을 가로 막아서야 하기 때문에, 7보에 볼플랫을 디디며 보폭을 넓게 진행한다.

- 8보에 여성보다 더 앞서서 진행하고, 9보에 전진하는 여성을 정면에서 바디로 가로막는다.
- 10보에 오른발을 뒤로 디디며 여성의 진행을 흡수하며 여성을 약간 뒤로 빼놓는 느낌으로 피피 포지션을 만든다.
- 11~13보는 피피 포지션으로 샤세 스텝을 진행한다.
- 14보는 남성이 엘오디를 보며 클로즈 포지션을 만든다.

여성

블루스 4. 피피 샤세 막고 돌기

- 1보~2보는 중앙을 보고 QQ으로 180도 턴하고 2보에 벽을 향한다. 블루스에서 휘겨와 휘겨 사이의 연결 시 턴이 자주 사용된다. 남성의 턴 리드인 QQ에 반응하며, 여성은 스스로 회전을 하려 하기보다는 가능하면 남성이 회전을 이끄는 리드에 끌려 돈다는 느낌으로 반응하는 것이 여유 있는 무빙이 된다.
- 3~4보는 전진하며 피피 포지션을 만든다. 3보에 오른발 앞으로 디디게 되면 남성은 진행을 막으며 피피 포지션을 만들기 위하여 여성을 우측으로 스위블 시키게 된다. 이때 여성은 피피 포지션을 만들기 위하여 남성의 오른쪽으로 어느 정도 후진을 진행하면 좋다.
- 5~7보는 피피 포지션을 유지하며 샤세 스텝을 진행한다. 여성은 피피 포지션에서 ⊖ 텐션 상태이므로, 그 ⊖ 텐션 강도를 유지하며 남성의 바디를 따라서 진행한다. 샤세 스텝을 진행할 때 중요한 포인트는 바디가 적극적으로 진행되도록 움직임의 시작을

만드는 것이다. 샤세를 진행해야 하는 5~7보를 잘 수행하기 위해서는 3보와 4보에서 바디의 움직임을 만들어서 7보까지 잘 연결시켜야 한다.

블루스 4. 피피 샤세 막고 돌기									
스텝/카운트·발접촉					바디/진행·텐션				액션
여자	♥	&		~	↔	↻		⊖	클로즈 포지션
	1	Q	1	힐플랫	↕	↻	좌90	⊖	클로즈 포지션
	2	Q	2	볼플랫	↔	↻	좌90	⊖	
	3	S	3	힐플랫	→	→		⊕	
			4	~		→		◎	
	4	S	5	볼플랫	⬨	↑	우45	⊕	피피 포지션
			6	~		↓		⊖	
	5	Q	하	힐플랫		↓		⊖	
	6	&	나	볼	⬨	↓		◎	
	7	Q	2	볼플랫		↓		⊖	
	8	Q	3	힐플랫		↓		⊖	
	9	Q	4	힐플랫	↕	↓		⊕	클로즈 포지션
	10	S	5	볼플랫	↖	우135		⊕	피피 포지션
			6	~		↖		⊖	
	11	Q	일	힐플랫	⬨	↖		⊖	
	12	&	곱	볼		↖		◎	
	13	Q	8	볼플랫		↖		⊖	
	14	S	9	힐플랫	↔	↖	좌135	⊖	역출발 포지션
			10	~	↕	↓		⊕	클로즈 포지션

움직임을 만들어 내기 위해서는 발바닥의 롤링 동작인 3보와 4보에서 발의 롤링 액션을 실천하여야 하며-바디가 3보에 전진한 후 4보에 바디가 남성의 뒤쪽으로 무빙하고 이어서 앞으로 전진할 수 있도록 박자에 맞추며 와인드업 액션을 관리하여야 하며, 이에 탄력을 얻어 전진을 힘 있게 진행함으로써 남성과 같이 시원하게 전진할 수 있게 된다.

이에 추가하여 앞에서 살펴본 샤세의 공식까지도 잘 실천해야 한다.

여성이 샤세를 진행하면서, 5보에 힐플랫, 6보에 볼에 이어서 9보에는 볼플랫을 디디며 안정적으로 워킹을 이어간다.

- 8보에 남성이 여성보다 더 앞서서 진행하려고 하며, 9보에 전진하고 있는 여성을 정면에서 바디로 가로막게 된다.
- 10보에 왼발을 앞으로 디디게 되며 여성을 약간 뒤로 빼놓는 느낌으로 피피 포지션을 만들게 된다. 이때 여성은 뒤로 길게 진행해 준 후 다음의 스텝을 위해 전진 준비를 갖춘다.
- 11~13보는 피피 포지션으로 샤세 스텝을 진행한다.
- 14보 초입에는 여성이 중앙사를 향하며 진행하고, 14보 후반부에 남성의 리드로 인해 스위블 하며 역행면을 바로보고 클로즈 포지션을 만든다.

블루스 5번 휘겨인 "방향 전환 걷기"는 내추럴 4Q-지그재그-내추럴 4Q-클로즈 포지션으로 진행된다.

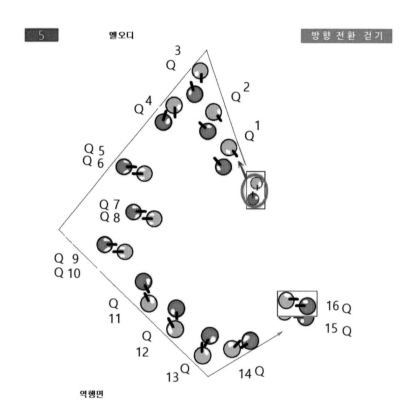

남성

블루스 5. 방향 전환 걷기

- 1보~4보를 내추럴 4Q(QQQQ)으로 무빙한다. 1보 2보를 중앙사를 향하여 QQ으로 진행하며, 2보에 오른발 디딜 때 여성을 ⊕ 텐션으로 후진하도록 리드-3보에 엘오디를 향하여 왼발 전진 시 센터 밸런스에서 ⊖ 텐션으로 여성을 잡고-4보에 벽사를 보

며 후진한다. 이때는 이미 형성된 ⊖ 텐션을 이끌고 후진한다.

- 5~6보는 지그재그 스텝을 위한 준비 단계이다. 5보 벽사를 보고 왼발 뒤로 디딘 후 6보는 우측 45도 턴하며 벽을 보고 오른발을 옆으로 디디며 클로즈 포지션을 만든다.

- 7~10보는 벽을 보면서 지그재그 스텝을 진행한다. 지그재그 스텝의 중요한 리드 사항은 어깨가 벽을 향해 고정하고 하체는 약간의 로테이션을 사용해도 무방하다. 여성이 중심을 잃을 정도의 회전을 진행한다면 남성도 바디가 흔들리며 후행 휘거의 리드에 도움을 주지 못할 것이다.

- 11~14보는 내추럴 4Q 스텝이며 클로즈 포지션으로 진행한다. 11보에 역벽사 12보에 역행면을 그리고 13보에 역중앙사를 향하며 14보에는 오른발 뒤로 디딘다. 클로즈 포지션 상태에서 우측 회전을 진행해 가는 것은 쉽지 않은 무빙이 된다.

남성의 중요 리드 방법은 상체의 씨비엠을 적극 사용하여 여성의 후진방향을 만들어 나가야 한다.

블루스 5. 방향 전환 걷기								
스텝/카운트·발접촉				바디/진행·텐션				액션
♥	&		~	⇧	↘		⊕	클로즈 포지션
1	Q	1	힐플랫	⬙	↖	좌45	⊕	비켜선 포지션
2	Q	2	힐플랫		↖		⊕	
3	Q	3	힐플랫	⇧	↑	우45	⊖	
4	Q	4	볼플랫	⬗	↓	우45	⊖	
5	Q	1	볼플랫	⬗	↙	우45	⊕	
6	Q	2	볼플랫	⬌	↓		⊕	클로즈 포지션
7	Q	3	힐플랫		↘		⊖	
8	Q	4	볼플랫		↓		⊖	
9	Q	5	볼플랫		↙		⊕	
10	Q	6	볼플랫		↓		⊕	
11	Q	1	힐플랫	⬙	↘	우45	⊕	클로즈 포지션
12	Q	2	힐플랫		↘		⊕	
13	Q	3	힐플랫	⬙	↓	우45	⊖	
14	Q	4	볼플랫	⬗	→	우45	⊖	
15	Q	5	볼플랫	⬌	↗	우45	◎	
16	Q	6	볼플랫		↑		⊕	

(남자)

- 15~16보는 중앙을 향해서 클로즈 포지션을 유지하는 것이다. 계속 회전하는 에너지를 유지하며 15보에 왼발을 뒤로 디디고 16보에 여성이 왼발을 놓는 위치를 확인하며 오른발을 클로즈 포지션에 맞게 디뎌야 한다

여성

블루스 5. 방향 전환 걷기

- 1보~4보를 내추럴 4Q(QQQQ)으로 무빙한다.

블루스 5. 방향 전환 걷기								
	스텝/카운트·발접촉			바디/진행·텐션				액션
♥	&		~	⬍	↖		⊕	클로즈 포지션
	1	Q	1	볼플랫		↖	좌45	⊕	비켜선 포지션
	2	Q	2	볼플랫		↖		⊕	
	3	Q	3	볼플랫		↑	우45	⊖	
	4	Q	4	힐플랫		↓	우45	⊖	
	5	Q	1	힐플랫		↙	우45	⊕	
여자	6	Q	2	볼플랫		↓		⊕	클로즈 포지션
	7	Q	3	볼플랫		↘		⊖	
	8	Q	4	볼플랫	↔	↓		⊖	
	9	Q	5	힐플랫		↙		⊕	
	10	Q	6	볼플랫		↓		⊕	
	11	Q	1	볼플랫		↘	우45	⊕	클로즈 포지션
	12	Q	2	볼플랫		↘		⊕	
	13	Q	3	볼플랫	⬆	↓	우45	⊖	
	14	Q	4	힐플랫		→	우45	⊖	
	15	Q	5	힐플랫		↗	우45	◎	
	16	Q	6	볼플랫	⬌	↑		⊕	

1~3보 후진으로 QQQ 진행하며, 4보는 전진해야 한다.

3~4보의 연결 부분을 잘하기 위하여 2보 후반에 4보 전진을 예상해야 하며, 3보에 엘오디 방향으로 오른발 후진 시 센터 밸런스에서 남성 리드에 의해 ⊖ 텐션이 걸린다-4보에 역중앙사 방향으로 전진하기 위하여 걸려 있는 이 ⊖ 텐션을 적극 활용해야 하며-와인드업(Wind Up) 액션을 사용하여 바디를 힘차게 전진시킨다.

물론 바디가 먼저 무빙하고 발은 뒤따를 것이며 박자는 발이 바닥을 디디는 타임에 맞추어야 한다. 결국 바디는 끊어짐 없이 댄스가 끝날 때까지 움직여야 하며, 박자를 맞추는 것은 하체가 된다. 춤은 바디의 움직임으로 이루어진다는 관점도 있는데 저자도 여기에 한 표!

- 5~6보는 지그재그 스텝을 위한 준비 단계이다. 5보에 중앙을 보기 위해 회전이 있으며 오른발 앞으로 디딘 후 6보는 옆으로 디디며 클로즈 포지션 위치인 남성의 오른쪽 위치에 선다.
- 7~10보는 중앙을 보면서 뒤로 앞으로 무빙하는 지그재그 스텝을 진행한다. 지그재그 스텝의 중요한 실행 사항은 어깨가 중앙을 향해 고정하고 하체는 약간의 로테이션 해도 무방하다. 여성이 무빙 시 바디 회전의 각도가 큰 경우에는 상대방인 남성의 중심까지도 흔들 수 있기 때문에 약간의 회전을 진행한다면 좋을 것이다.
- 11~14보는 내추럴 4Q 스텝이며 클로즈 포지션으로 진행한다. 11보에 남성의 리드로 중앙사를 보며 후진, 12보에 엘오디를 향하고, 그리고 13보에 벽사를 향하며 오른발 뒤로 디딘다. 14보에 벽을 향하는 회전을 진행하며 왼발 앞으로 디딘다.

클로즈 포지션 상태에서 우측 회전의 진행은 어려운 무빙이다.
여성이 남성과 편하게 무빙하는 방식은 남성이 상체 로테이션 리드 시 여성의 상체가 자연스럽게 같은 로테이션을 반응해 주면 좋다.

- 15~16보는 벽을 향하고 클로즈 포지션을 유지한다.
  계속 회전하는 에너지를 유지하며 15보에 오른발을 앞으로 디디고 16보에 왼발을 놓으며 남성의 바디 위치를 확인하며 클로즈 포지션에 맞게 자리를 잡아야 한다.

블루스 6번 휘겨인 "터널"은 내추럴 4Q-워킹 6Q-스핀 4Q-피피 포지션 샤세로 진행된다.

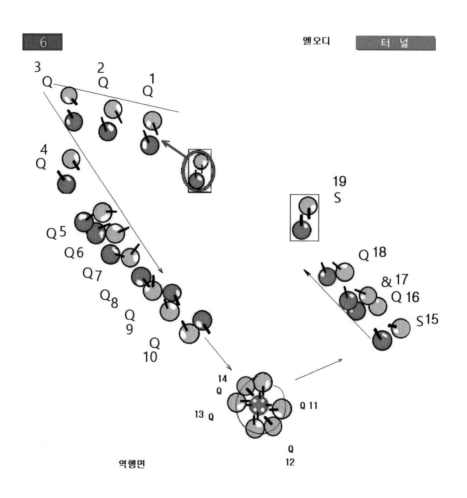

블루스 6. 터널

• 1보~4보를 내추럴 4Q(QQQQ)으로 무빙한다. 1보 2보를 중앙사를 향하여 QQ으로
  진행하며, 2보에 오른발 디딜 때 여성을 ⊕ 텐션으로 후진하도록 리드-3보에 중앙사

를 향하여 왼발 전진 시 센터 밸런스에서 ⊖ 텐션으로여성을 잡고-이미 형성된 텐션의 강도를 유지하며 4보에 그대로 후진한다.

- 5~9보는 여성이 왼쪽으로 턴을 하며 역벽사를 향하여 직진한다. 이때 남성은 왼손을 올리는 터널 동작을 실행하고 9보까지 무빙해 간다.
- 11보부터는 비켜선 포지션으로 턴을 진행해야 하므로 9보에서 후진하고 있는 여성에 ⊖ 텐션을 유도하고 홀드 포지션으로 가기 위한 준비를 한다.
- 10보에 후진하던 여성이 남성의 ⊖ 텐션 리드로 인해 전진을 시작하게 되며 자연스럽게 비켜선 포지션을 만든다.

블루스 6. 터널							
카운트·발접촉				바디/진행·텐션			액션
♥	&		~	⇧	↖	⊕	클로즈 포지션
1	Q	1	힐플랫			좌45	⊕	비켜선 포지션
2	Q	2	힐플랫	◈	↖		⊕	
3	Q	3				⊖	
4	Q	4	볼플랫		↘	⊖	
5	Q	1	볼플랫	⇧		우45	◎	출발 포지션
6	Q	2		◈		우45	◎	뒤에선 포지션
7	Q	3		⬄	↘	우45	⊕	역출발 포지션
8	Q	4	힐플랫			우45	⊕	앞에선 포지션
9	Q	5		◈			⊖	
10	Q	6					⊖	비켜선 포지션
11	Q	7	볼	⬄	↺	우270	⊕	
12	Q	8					⊖	
13	Q	1		◈			⊖	
14	Q	2					⊕	클로즈 포지션
15	S	3	힐플랫	⇧	→	우90	⊖	피피 포지션
		4	볼플랫	◈			⊖	
16	Q	다	힐플랫				⊖	
17	&	섯	볼	◈	↖		◎	
18	Q	6	볼플랫				⊖	
19	S	7	힐플랫	⇧	↑	우45	⊕	역출발 포지션
		8					⊕	클로즈 포지션

남자

- 11~14보는 비켜선 포지션 상태에서 남성이 축이 되어 턴을 리드하며 마지막에는 클로즈 포지션을 만들며 벽사를 향한다. 홀드 상태의 턴은 처음 출발 시 최고 속도로 시작해야 하고 중반 이후에는 감속하는 회전의 묘가 필요하다. 10보에 여성과 홀드 시 여성을 낚아채는 듯 진행하며 회전속도를 높여놓고 턴을 해도 과하지 않을 것이다.

- 15보는 피피 포지션을 만드는 S 카운트이다. 남성이 벽을 향해 무빙하며 여성이 스위블 되도록 리드한다. 피피 포지션을 만들기 위해, 여성이 스위블 하도록 리드하는 방식은 남성이 바디를 오른쪽으로 돌리기 시작하며 여성이 턴을 시작하게 된다. 이때 여성의 잡은 손을 $\ominus$ 텐션 만든다. 여성은 상체가 잡히지만 여성의 하체는 바닥을 디디고 있는 발이 스위블 된다. 이러한 액션으로 피피 포지션의 리드가 완성된다.

- 16~18보는 피피 포지션하에 중앙사를 향해서 샤세를 진행한다.

- 19보는 엘오디를 바라보며 클로즈 포지션을 만든다.

여성

블루스 6. 터널

- 1보~4보를 내추럴 4Q(QQQQ)으로 무빙한다. 1~3보는 역벽사를 보며 후진하며, 4보는 각도의 변경 없이 전진해야 한다.

- 3~4보의 연결 부분을 잘 무빙하기 위하여 4보 전진을 예상해야 하며, 3보에 중앙사 방향으로 오른발 후진 시 센터 밸런스에서 남성 리드에 의해 $\ominus$ 텐션이 걸린다-4보에 역중앙사 방향으로 전진하기 위하여 걸려 있는 이 $\ominus$ 텐션을 적극 활용해야 하며-와인드업(Wind Up) 액션을 사용하여 바디 특히 머리를 뒤로 젖힌 후 힘차게 전진시키면 상체가 전진모드로 진행된다.

- 물론 바디가 먼저 무빙하고 발은 뒤따를 것이며 박자는 발이 바닥을 디디는 타임에 맞추어야 한다. 결국 바디는 끊어짐 없이 댄스가 끝날 때까지 움직여야 하며, 박자를 맞추는 것은 하체가 된다.

- 춤은 바디의 움직임으로 이루어진다는 관점도 있는데 저자도 여기에 한 표!

- 5~9보는 여성이 왼쪽으로 턴을 하며 역벽사를 향하여 직진한다. 이때 남성이 5보에 왼손을 올리는 터널 동작을 보이면 팔 아래로 진행해 가며 9보까지 무빙한다.
- 11보부터는 비켜선 포지션으로 턴을 진행해야 하므로 9보에서 후진하고 있을 때 남성이 ⊖ 텐션을 유도하고 홀드 포지션으로 가기 위한 동작을 보이게 된다.

블루스 6. 터널									
	스텝/카운트·발접촉				바디/진행·텐션				액션
여자	♥	&		~	⬇	↘		⊕	클로즈 포지션
	1	Q	1	볼플랫			좌45	⊕	비켜선 포지션
	2	Q	2		◈	↖		⊕	
	3	Q	3					⊖	
	4	Q	4	힐플랫		↘		⊖	
	5	Q	1	힐플릿	⬌		좌45	◎	출발 포지션
	6	Q	2					◎	뒤에선 포지션
	7	Q	3		◈	↘	좌45	⊕	역출발 포지션
	8	Q	4	볼플랫	⬆		좌45	⊕	앞에선 포지션
	9	Q	5		⬆			⊖	
	10	Q	6		◈	↖	좌45	⊖	비켜선 포지션
	11	Q	7	볼	⬌			⊕	
	12	Q	8			↻	우270	⊖	
	13	Q	1		◈			⊖	
	14	Q	2					⊕	클로즈 포지션
	15	S	3	볼	⬌	→	우90	⊖	피피 포지션
			4	볼플랫	◈			⊖	
	16	Q	다	힐플랫				⊖	
	17	&	섯	볼	◈	↖		◎	
	18	Q	6	볼플랫				⊖	
	19	S	7	힐플랫	⬌	↖	우45	⊕	역출발 포지션
			8		⬇	↓	우90	⊕	클로즈 포지션

- 10보에 후진 중인 여성이 남성의 ⊖ 텐션 리드로 인해 전진을 시작하게 되며 자연스럽게 비켜선 포지션을 만든다.

- 11~14보는 비켜선 포지션 상태에서 남성이 축이 되고 여성이 주위를 4보로 턴을 실행하며 마지막 보는 역중앙사를 향하며 클로즈 포지션을 만든다.

- 홀드 상태의 턴은 처음 출발 시 최고 속도로 시작해야 하고 중반 이후에는 감속하는 회전의 묘가 필요하다.

- 10보에 남성과 홀드 시 여성을 낚아채는 듯 진행하며 턴의 회전속도를 높여놓고 진행할 수도 있다.

- 15보는 피피 포지션을 만드는 S 카운트이다. 여성은 중앙사를 보며 피피 포지션을 만든다. 피피 포지션을 만들기 위해, 여성이 스위블 하도록 리드하는 방식은 남성이 바디를 오른쪽으로 돌리기 시작하면 여성이 오른쪽으로 턴을 시작하게 된다. 이때 남성의 리드로 남성과 잡은 오른손을 ⊖ 텐션 상태로 만든다. 여성은 이 리드에 반응하여 상체가 잡히며 하체는 바닥을 디디고 있는 발이 스위블 된다. 이러한 액션으로 피피 포지션의 리드가 완성된다.

- 16~18보는 피피 포지션 하에 중앙사를 향해서 샤세를 진행한다.

- 19보는 중앙사 방향을 향해 왼발 앞으로 디디고 진행하게 되면, 남성의 ⊖ 텐션 리드로 인해 역행면을 바라보며 클로즈 포지션을 만든다.

블루스 7번 휘겨인 "리버스 샤세"는 좌회전 샤세-좌회전 샤세-2보 전진-드레그 액션으로 진행한다.

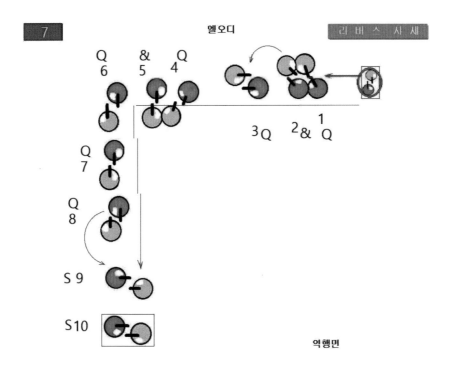

남성

블루스 7. 리버스 샤세

- 1보~3보 진행은 90도 회전하는 좌측 턴의 샤세를 진행한다. 엘오디를 향한 상태에서 출발 전에 좌측 씨비엠을 만들며 1보에 전진한다. 1보 왼발을 디디면 45도의 회전이 이루어졌다. 나머지 45도 턴을 하며 2~3보를 진행하면 중앙을 보게 된다.
- 4~6보도 동일한 턴 량으로 샤세를 진행하여 역행면을 본다.
- 7~8보에 클로즈 포지션을 유지한 채 전진한다.

- 9~10보는 드레그 액션(Drag Action)을 사용하게 된다. 역행면을 보고 있는 상태에서 9보를 진행하며 왼발을 전방으로 뻗고 바닥을 디딜 때 왼쪽으로 45도 턴이 이루어져 역벽사를 보게 된다. 왼발이 디뎌질 때 오른발도 옆으로 와서 포인팅(발끝이 바닥에 접촉) 하며 발이 모아진다. 10보에 오른발이 역행면으로 뻗어지고 박자에 맞게 체중 이동을 하게 되면 바디는 좌측 45도 턴이 되어 벽을 보게 된다.

10보 오른발의 발 접촉을 보면 오른발 엄지발가락 안쪽이 바닥에 먼저 닿은 후에, 발의 안쪽 전체를 바닥과 접촉시킨 다음에 발바닥 전체가 바닥을 디디게 된다.
이 액션은 체중을 옮길 때, 무릎의 충격을 없게 해주고 상대방의 무빙을 부드럽게 이끄는 역할을 하게 된다.

여성

블루스 7. 리버스 샤세

- 1~3보 진행은 90도 회전하는 좌측 턴의 샤세를 진행한다. 역행면을 향한 상태에서 출발 전에 좌측 씨비엠을 만들며 1보에 후진한다. 1보 왼발을 디디면 45도의 회전이 이루어졌다. 나머지 45도 턴을 하며 2~3보를 진행하면 벽을 보게 된다.
- 4~6보도 동일한 턴 량으로 샤세를 진행하여 엘오디를 본다.
- 7~8보에 클로즈 포지션을 유지하며 남성의 리드에 반응하며 후진한다.
- 9~10보는 드레그 액션(Drag Action)을 사용하게 된다. 엘오디를 보고 있는 상태에서 9보를 진행하며 오른발을 뒤로 뻗고 바닥을 디딜 때 왼쪽으로 45도 턴이 이루어져 중앙사를 보게 되고, 오른발이 디뎌질 때 동시에 왼발도 옆으로 와서 포인팅(발끝이 바닥에 접촉) 하며 발이 모아진다. 10보에 남성의 리드에 반응하며, 왼발이 역행면으로 뻗어지고 박자에 맞게 체중이동을 하게 되면 바디는 좌측 45도 턴이 되어 중앙을 보게 된다.
10보 오른발의 발 접촉을 보면 왼발 엄지발가락 안쪽이 바닥에 먼저 닿은 후에, 발의 안쪽 전체를 바닥과 접촉시킨 다음에 발바닥 전체가 바닥을 디디게 된다.

이 액션은 남성의 리드로 진행되어야 하며, 체중을 옮길 때 무릎의 충격을 없게 해 주고 상대방의 바디와 같이 움직이는 역할을 하게 된다.

블루스 7. 리버스 샤세									
	스텝/카운트·발접촉				바디/진행·텐션				액션
남자	♥	&		~	⬆			⊖	
	1	Q	1	힐플랫	◈	←	좌90	⊖	클로즈 포지션
	2	&	2	볼		←		◎	
	3	Q	3	볼플랫	⬌	←		⊕	
	4	Q	4	볼플랫	◈	←	좌90	⊕	클로즈 포지션
	5	&	5	볼		←		◎	
	6	Q	6	볼플랫	⬍	←		⊕	
	7	Q	7	힐플랫	⬍	↓		⊕	클로즈 포지션
	8	Q	8	힐플랫	⬍	↓		⊕	
	9	S	1	힐플랫	◈	↓	좌45	⊖	클로즈 포지션
			2	~	⬌	↓	좌45	⊕	
	10	S	3	발바닥안쪽	⬌	↓		⊕	(드레그)
			4	볼플랫		↓		⊕	
여자	♥	&		~	⬍			⊖	
	1	Q	1	볼플랫	◈	←	좌90	⊖	클로즈 포지션
	2	&	2	볼		←		◎	
	3	Q	3	볼플랫	⬌	←		⊕	
	4	Q	4	볼플랫	◈	←	좌90	⊕	클로즈 포지션
	5	&	5	볼		←		◎	
	6	Q	6	볼플랫	⬆	←		⊕	
	7	Q	7	볼플랫	⬆	↓		⊕	클로즈 포지션
	8	Q	8	볼플랫	⬆	↓		⊕	
	9	S	1	볼플랫	◈	↓	좌45	⊖	클로즈 포지션
			2	~	⬌	↓	좌45	⊕	
	10	S	3	발바닥안쪽	⬌	↓		⊕	(드레그)
			4	볼플랫		↓		⊕	

블루스 8번 휘겨 "다이아몬드"는 사선 리버스 턴-사선 리버스 턴으로 진행한다.

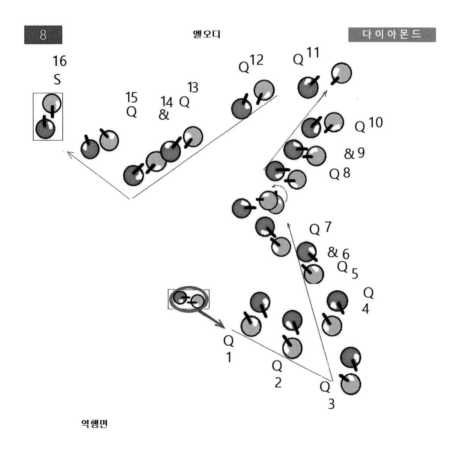

남성

블루스 8. 다이아몬드

- 1~4보를 내추럴 4Q(QQQQ)으로 무빙한다. 1보 2보 QQ으로 진행하며, 4보는 후진해야 하는데 이 부분을 잘 연결하기 위하여 2보 후반에 오른발이 바닥을 디딜 때 여성을 ⊕ 텐션으로 후진 리드-3보에 왼발 전진 시 센터 밸런스에서 ⊖ 텐션으로 여성을

잡고-4보에 이미 형성된 ⊖ 텐션을 이끌고 후진한다.

블루스 8. 다이아몬드							
스텝/카운트·발접촉				바디/진행·텐션			액션
♥	&		~	⊟	↘		⊕	클로즈 포지션
1	Q	1	힐플랫		↘	우45	⊕	비켜선 포지션
2	Q	2	힐플랫	◇	↘		⊕	비켜선 포지션
3	Q	3	힐플랫		↘		⊖	비켜선 포지션
4	Q	4	볼플랫		↖		⊖	비켜선 포지션
5	Q	하	볼플랫	◇	↖		◎	클로즈 포지션
6	&	나	볼		↖		◎	클로즈 포지션
7	Q	2	볼플랫	⊟	↗	좌90	⊕	앞에선 포지션
8	Q	세	힐플랫	⊟	↗		⊕	비켜선 포지션
9	&	앤	힐플랫	⊟	↗		◎	비켜선 포지션
10	Q	4	힐플랫	◈	↗		◎	비켜선 포지션
11	Q	5	힐플랫	◈	↗		⊖	비켜선 포지션
12	Q	6	볼플랫	◈	↙		⊖	비켜선 포지션
13	Q	일	볼플랫	◈	↙		◎	클로즈 포지션
14	&	곱	볼플랫	◈	↙		◎	클로즈 포지션
15	Q	8	볼플랫	◇	↘	좌90	⊕	피피 포지션
16	S	9	힐플랫	⬆	↖	우45	⊖	역출발 포지션
17		10	~		↑		⊕	클로즈 포지션

(남자)

- 5~7보는 샤세 스텝이며 좌측으로 회전한다. 여성은 이미지상, 중앙사를 향하여 직진하게 되며, 남성은 여성이 전진해 오는 것을 받으며 방향 전환을 리드하고 마지막 보에 여성이 중앙을 보게 잡아주는 움직임이다.
  남성은 여성을 7보에 우측 45도 턴시키고 연속되는 샤세를 준비한다.
- 8~10보는 7보에 만들어진 앞에선 포지션을 밀고 전진하며 비켜선 포지션으로 바뀌며 전진한다.

- 11~12보는 리버스 4Q 중 뒤의 QQ을 실행하는 것이다. 남성은 벽사를 보며 11보 왼발 전진, 12보 오른발 후진하며 바디가 뒤로 힘차게 움직이도록 조절한다.

- 13~15보는 사선 리버스 턴의 5~7보와 동일하다. 13보 14보에 남성이 시원한 후진을 보여 주면 여성은 그대로 딸려오며 14보 후반에 ⊕ 텐션 상태를 만들며 여성의 진로를 변경시킬 준비를 한다. 이어지는 15보에 중앙사 방향으로 왼발 진행하며 피피 포지션을 만든다.

- 16보에 엘오디 방향으로 오른발 전진해 디디며 클로즈 포지션을 만든다. 남성은 마지막 보의 S 박자에서 클로즈 포지션을 박자 초에 만들려고 당기기보다는, 박자 후반부에 만드는 것이-후행 스텝의 박자와 부드러운 연결을 만들어 내는 데 도움이 될 것이다.

여성

블루스 8. 다이아몬드

- 1~4보를 내추럴 4Q(QQQQ)으로 무빙한다. 1보 2보 후진으로 QQ 진행하며, 4보는 전진해야 한다. 이 부분을 잘 연결하기 위하여 2보 후반에 4보 전진을 예상해야 하며, 3보에 오른발 후진 시 센터 밸런스에서 남성 리드에 의해 ⊖ 텐션이 걸린다-4보에 전진하기 위하여 걸려 있는 이 ⊖ 텐션을 활용해야 하며-와인드업(Wind Up) 액션을 사용하며 남성의 리드에 반응하면서 바디를 힘차게 전진시킨다.

  물론 바디가 먼저 무빙하고 발은 뒤따를 것이며 박자는 발이 바닥을 디디는 타임에 맞추어야 한다.

- 5~7보는 샤세 스텝으로 진행하는 리버스 턴 휘거이다. 여성은 이미지를 보면, 중앙사를 향해 직진하게 되며, 남성은 여성이 전진해 오는 5~6보를 잘 받아내며 7보에 좌측 45도 턴하며 중앙을 보며 앞에선 포지션이 형성된다.

- 8~10보는 7보에 만들어진 앞에선 포지션을 연결하며 역중앙사를 보며 후진한다.

- 9보와 10보는 비켜선 포지션으로 바뀌며 후진한다.

- 11~12보는 리버스 4Q 중 뒤의 QQ을 실행하는 것이다. 여성은 역중앙사를 보며 11보

오른발 후진, 12보 왼발 전진하며 바디가 뒤로 앞으로 무빙하며 힘차게 움직이도록 조절한다.

- 13~15보는 사선 리버스 턴의 5~7보와 동일하다. 13보 14보에 남성이 시원한 후진을 보이면 여성은 그대로 전진해 가며 14보 후반에 ⊕ 텐션 상태가 만들어지면 여성은 우측 90로 턴을 하며 왼발 전진하여 피피 포지션을 만든다.
- 16보 초입에 중앙사 방향으로 왼발 전진해 디딘다. 이때 남성 리드로 ⊖ 텐션이 걸리며 클로즈 포지션을 만든다.

여성은 마시막 보의 S 박자에서 클로즈 포지션을 박자 초에 만들려고 스스로 턴을 하기보다는, 박자 후반부에 턴을 만드는 것이-후행 스텝의 박자와 부드러운 연결을 만들어 내는 데 도움이 될 것이다.

블루스 8. 다이아몬드									
스텝/카운트·발접촉				바디/진행·텐션					액션
여자	♥	&		~	⬌	↘		⊕	클로즈 포지션
	1	Q	1	볼플랫		↘	좌45	⊕	비켜선 포지션
	2	Q	2	볼플랫	◇	↘		⊕	비켜선 포지션
	3	Q	3	볼플랫		↘		⊖	비켜선 포지션
	4	Q	4	힐플랫		↖		⊖	비켜선 포지션
	5	Q	하	힐플랫	◇	↖		◎	클로즈 포지션
	6	&	나	볼		↖		◎	클로즈 포지션
	7	Q	2	볼	⬌	↗	좌90	⊕	앞에선 포지션(스위블)
	8	Q	세	볼	⬌	↗		⊕	비켜선 포지션
	9	&	앤	볼	⬌	↗		◎	비켜선 포지션
	10	Q	4	볼플랫	◇	↗		◎	비켜선 포지션
	11	Q	5	볼플랫	◇	↗		⊖	비켜선 포지션
	12	Q	6	힐플랫	◇	↙		⊖	비켜선 포지션
	13	Q	일	힐플랫	◇	↙		◎	클로즈 포지션
	14	&	곱	볼	◇	↙		◎	클로즈 포지션
	15	Q	8	볼플랫	◇	↖	우90	⊕	피피 포지션
	16	S	9	힐플랫		↖	좌45	⊖	역출발 포지션
	17		10	~	⬍	↑		⊕	클로즈 포지션

블루스 9번 휘겨 "백 런"은 리버스 4Q-연속 비켜선 포지션 샤세-리버스 턴으로 진행된다.

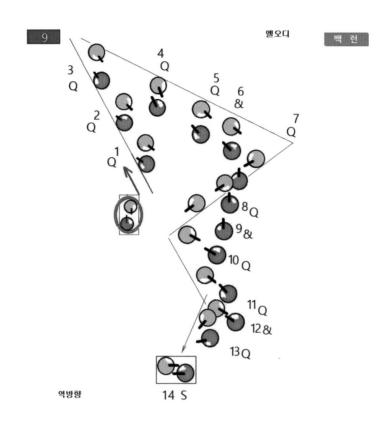

남성

블루스 9. 백 런

• 1~4보를 리버스 4Q(QQQQ)으로 무빙한다. 중앙사를 향해 1~3보를 QQ으로 진행하며 4보는 오른발 뒤로 하고 후진이 진행된다. 3~4보의 전진하고 후진하는 무빙의 연결을 하기 위하여 2보 후반에 오른발 디디며 여성을 ⊕ 텐션으로 후진 리드-3보에 왼발 전진 시 센터 밸런스에서 ⊖ 텐션으로 여성을 잡고-4보에 후진하며 이미 형성된 ⊖ 텐션을 이끌고 후진한다.

- 5~7보는 4보에서의 볼플랫 액션으로 인한-후진 무빙을 살려 5보와 6보 샤세 스텝으로 진행하고 7보에서는 역벽사를 향해 전진해 오는 여성을 흡수하며 여성이 우측 90도 회전하여 역중앙사를 향하도록 리드한다. 이때 남성은 엘오디를 보는 무빙으로 여성을 방향 전환 시키며 역출발 포지션으로 만든다.
- 8~10보는 남성의 7보에서 여성을 전진시키는 조건인 ⊖ 텐션이 형성되었으므로 그 강도를 그대로 이끌며 남성은 역행면으로 후진한다. 이때 여성의 바디는 역중앙사인 사선 방향으로 향해 있어서 사선으로 진행하며 8~10보를 디디게 된다. 남성은 10보에 여성이 좌측 90도로 턴을 하도록 스위블 시키고, 자연스럽게 ⊖ 텐션이 형성되며 앞에선 포지션을 만들게 된다.

블루스 9. 백 런								
스텝/카운트·발접촉				바디/진행·텐션				액션
남자	♥	&		~	⇕	↖		⊕	클로즈 포지션
	1	Q	1	힐플랫	⬙	↖	좌45	⊕	비켜선 포지션
	2	Q	2	힐플랫		↖		⊕	
	3	Q	3	힐플랫		↖		⊖	
	4	Q	4	볼플랫		↘		⊖	
	5	Q	하	볼플랫	⬙	↘		◎	비켜선 포지션
	6	&	나	볼		↘		◎	
	7	Q	2	볼플랫	⇕	↓	우45	⊖	역출발 포지션
	8	Q	세	볼플랫	⇕	↓		⊖	역출발 포지션
	9	&	앤	볼	⇕	↓		◎	역출발 포지션 (여성 좌측위치)
	10	Q	4	볼플랫	⬙	↓	좌45	⊖	앞에선 포지션
	11	Q	다	볼플랫	⬙	↘		⊖	앞에선 포지션
	12	&	섯	볼		↘		⊕	
	13	Q	6	볼플랫	⬙	↗	좌90	⊕	피피 포지션
	14	S	7	힐플랫	⬓	↗	우45	⊖	역출발 포지션
	15		8	~		←		⊕	클로즈 포지션

- 11~14보는 리버스 턴으로 휘거를 마무리하는 단계이다. 10보에 형성된 앞에선 포지션의 ⊖ 텐션 강도를 그대로 끌고 남성이 뒤로 무빙한다. 이 리드에 반응하며 여성은

전진하게 되고 남성은 12보에 ⊕ 텐션을 만들며 13보에 여성을 스위블시키며 역중앙
사를 보도록 리드하며 피피 포지션을 만든다.

이 전진하는 에너지를 연결시키며 14보에 여성을 왼발 앞으로 디디게 전진시키고 돌려
세우며 클로즈 포지션으로 마무리한다.

여성

블루스 9. 백 런

- 1~4보를 리버스 4Q(QQQQ)으로 무빙한다. 역벽사를 보고 1~3보를 QQQ으로 후진
  하며 4보는 왼발 앞으로 하고 전진을 시작한다. 3~4보에서 후진하고 전진하는 무빙
  의 연결을 효과적으로 연결하기 위하여, 2보 후반에 왼발 디디며 남성을 만들어 내는
  ⊕ 텐션으로 바디가 후진하고-3보에 오른발 후진 시 센터 밸런스에서 ⊖ 텐션을 여성
  이 만들어 놓고-와인드업 액션을 실천하며-이미 형성된 ⊖ 텐션을 활용하여 바디를
  전방으로 무빙시키고-4보를 디디며 전진한다.
- 5~7보는 4보에서의 힐플랫 액션으로 인한-바디의 움직임을 살려 5보와 6보 샤세 스
  텝으로 진행하고 7보 초입에 역벽사 후반에 역중앙사를 보는 우측 90도 턴의 스위블
  을 실천하면 ⊖ 텐션이 형성된다. 이때 남성은 엘오디를 보는 무빙으로 여성을 방향
  전환 시키며 역출발 포지션으로 된다.

여성은 사선으로 그리고 남성은 엘오디를 보는 직선의 위치에 있으므로 8보에 남성이
먼저 뒤로 움직이면, 여성은 사선으로 전진하게 되는 운동역학적 법칙을 실천하며 전진
사세를 진행하게 된다.
이때 여성은 이 운동역학적 법칙을 고려하여 남성이 뒤로 빠질 때 여성은 직선 그대로
움직여 주어야 좋은 움직임이 나오게 된다.

- 8~10보는 남성의 7보에서 여성을 전진시키는 조건인 ⊖ 텐션이 형성되었으므로 그 강도를 그대로 이끌며 남성은 역행면으로 후진한다. 이때 여성의 바디는 역중앙사인 사선 방향으로 향해 있어서 사선으로 진행하면서 8~10보를 디뎌야 한다. 여성이 10보에 왼발을 전진시키며 디디면 좌측 90도로 턴을 하도록 스위블 액션을 유도하기 위하여 남성은 ⊖ 텐션 리드를 하게 되며 이결과로 서로 바라보게 되는 앞에선 포지션이 만들어진다.
- 11~14보는 리버스 턴으로 휘겨를 마무리하는 단계이다. 10보에 형성된 앞에선 포지션의 ⊖ 텐션 강도를 그대로 끌고 남성이 뒤로 무빙한다. 이 리드에 반응하며 여성은 전진하게 되고 남성은 12보에 ⊕ 텐션을 만들게 되고, 이 에너지를 이용하여 여성은 13보에 우측 90도 스위블을 만들고 역중앙사 향해 오른발 앞으로 디디며 피피 포지션을 만든다. 이 전진하는 에너지를 연결시키며 14보 초입에 여성은 왼발을 앞으로 디디면 그 이후 남성의 ⊖ 텐션 리드에 의하여 돌려 세워지며 클로즈 포지션으로 마무리하게 된다.

블루스 9. 백 런							
스텝/카운트·발접촉				바디/진행·텐션			액션
여자	♥	&		~	⬍	↖		⊕	클로즈 포지션
	1	Q	1	볼플랫		↖	좌45	⊕	비켜선 포지션
	2	Q	2	볼플랫	◈	↖		⊕	
	3	Q	3	볼플랫		↖		⊖	
	4	Q	4	힐플랫		↘		⊖	
	5	Q	하	힐플랫	◈	↘		◎	비켜선 포지션
	6	&	나	볼		↘		◎	
	7	Q	2	볼플랫	◈	↙	우90	⊖	역출발 포지션
	8	Q	세	힐플랫		↙		⊖	역출발 포지션
	9	&	앤	볼	◈	↙		◎	역출발 포지션 (여성 좌측위치)
	10	Q	4	볼플랫	◈	↘	좌90	⊖	앞에선 포지션
	11	Q	다	힐플랫	◈	↘		⊖	앞에선 포지션
	12	&	섯	볼				⊕	
	13	Q	6	볼플랫	◈	↙	우90	⊕	피피 포지션
	14	S	7	힐플랫	◈	↙	좌135	⊖	역출발 포지션
	15		8	~	⬌	←		⊕	클로즈 포지션

블루스 10번 "좌우 스핀" 휘겨는 왼쪽 턴-오른쪽 턴-피피 포지션-샤세로 진행된다.

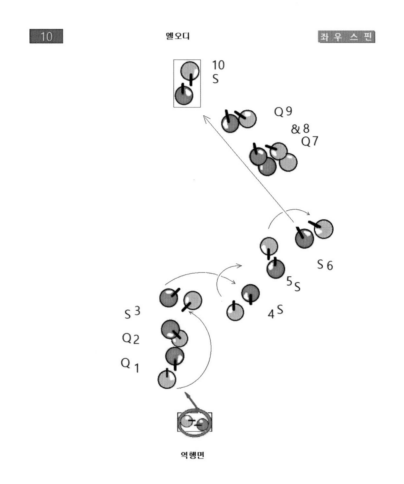

남성

블루스 10. 좌우 스핀

• 1~3보를 왼쪽으로 회전한다. 남성이 중앙을 바라보는 클로즈 포지션 자세에서 출발
한다. 출발 전에 좌측으로 턴하기 위하여 좌측 씨비엠을 만들고 1보를 거의 제자리에

서 왼발 앞으로 디디면 역행면을 향하게 된다.

- 2보는 오른발이 엘오디를 향해 뒤로 디디면 역벽사를 보게 된다.

- 3보에 왼발을 뒤로 디디면 벽사를 향하게 된다. 4보에 반대로 회전을 실행해야 하므로 3보 끝에 와인드업 액션을 만들게 되면, 골반은 벽사를 보고 있는 상태에서 상체는 여성과 같이 왼쪽으로 로테이션 될 것이다. 이 꼬인 에너지가 풀리면서 나오는 회전력을 사용하여 4보에서 6보까지 무빙해야 한다.

- 4~6보는 우측 스핀을 진행하고 그 회전 결과를 이용하여 피피 포지션을 만든다. 3보에 꼬었던 바니가 풀리면서 벽을 향해 이동하며 스핀을 진행한다. 남성과 여성이 스핀을 할 때는 클로즈 포지션을 만들어 놓고 그 포지션이 바뀌지 않도록 서로 기다리며 진행해 나가야 한다.

블루스 10. 좌우 스핀							
스텝/카운트 · 발접촉				바디/진행 · 텐션			액션
남자	♥	&		~	↔		⊕	클로즈 포지션
	1	Q	1	힐플랫	⬍	↺ 좌90	⊕	클로즈 포지션
	2	Q	2	볼플랫	⬂	좌45	◎	
	3	S	3	볼플랫	⬃	좌90	⊕	
			4	~			⊕	
	4	S	1	힐플랫	⬍	⤵ 우135	⊕	클로즈 포지션
			2	~			◎	
	5	S	3	볼플랫	⬆	↺ 우180	◎	클로즈 포지션
			4	~			⊕	
	6	S	5	힐플랫	⬂	→ 좌45	⊖	피피 포지션
			6	~			⊖	
	7	Q	하	힐플랫		↖	⊖	피피 포지션
	8	&	나	볼	⬂	↖	◎	
	9	Q	둘	볼플랫		↖	⊖	
	10	S	3	힐플랫	⬆	↖ 우45	⊖	역출발 포지션
			4	~		↑	⊕	클로즈 포지션

남성 4보는 벽을 향해 오른발 힐이 바닥에 놓이고 체중을 올리게 된다–체중이 오른발에 실렸을 때 바디가 그 발을 축으로 회전하며 역행면을 보게 된다. 5보에 남성 왼발 볼을 벽을 향해 뒤로 놓고 바닥을 디딘다–볼을 바닥에서 떨어지도록 올리며 힐로 회전하여 벽사를 보고 발의 볼을 바닥에 놓으며 플랫을 만든다. 이때도 바디는 우측으로 회전이 진행되고 있어야 한다. 벽사를 보던 바디가 오른발이 벽을 향해 디디고 중앙사를 향하는 피피 포지션을 만든다.

피피 포지션을 만들기 위해 5보 후반부에 바디가 옆으로 진행할 때 상체가 오른쪽으로 여성을 로테이션시킨다는 기분으로 던져놓고 바로 잡으면 ⊖ 텐션이 만들어지며 피피 포지션이 만들이질 것이다.

- 7~9보는 피피 포지션 하에 중앙사를 향해서 샤세를 진행한다.
- 10보는 엘오디 방향을 향해 오른발 앞으로 디디고 체중이동을 완료하면서 클로즈 포지션을 만든다.

여성

블루스 10. 좌우 스핀

- 1~3보에 왼쪽으로 회전한다. 여성은 벽을 바라보는 클로즈 포지션 자세에서 출발한다. 출발 전에 왼쪽으로 돌기 위하여 좌측 씨비엠을 만들고 발을 디디면 스핀이 진행된다.

  1보에 오른발 볼로 바닥을 디디고 플랫이 되었을 때 바디와 무릎을 똑바로 펴며 스트레칭 상태에서 힐로 턴이 만들어지며 엘오디를 바라보게 된다.

  2보는 클로즈 포지션 상태에서 왼발이 남성 앞으로 길게 디디며 힐플랫에 이어 볼이 되며, 볼로 회전이 만들어지고 중앙사를 본다.

3보는 볼플랫이며, 볼로 바닥을 디디며 회전하고 역중앙사를 본다.

4보에 반대로 회전을 진행해야 하므로 3보 끝에 와인드업 액션을 만들게 되면, 골반은 역중앙사를 보고 있는 상태에서 상체는 왼쪽으로 로테이션 될 것이다. 이렇게 꼬였다가 풀리는 에너지를 사용하여 4보에서 6보까지 무빙해야 한다.

- 4~6보는 우측 스핀을 진행하고 그 회전 결과를 이용하여 피피 포지션을 만든다. 4보는 볼로 디디고 턴을 한다. 그 이후 발을 놓고 남성의 바디가 플로즈 포지션 위치에 왔음을 확인한 후, 5보에 남성의 양발 사이로 힐을 바닥에 대며 전진하고 볼로 턴을 한다. 이때도 클로즈 포지션을 유지한다.

그리고 6보를 위하여 왼발을 뒤로 빼 놓는 것이 중요하다.
6보에 미리 왼발의 볼이 바닥에 닿아 있는 상태에서 남성의 리드에 의하여 바디가 우측으로 돌게 되고 그 즉시 돌지 못하게 남성이 잡게 된다.
이러한 리드에 여성은 잘 반응해야 하며, 남성이 회전화고 있는 여성의 팔을 잡았으므로 ⊖ 텐션 상태를 만들기 위해 여성도 협조해 주어야 한다. 여성이 상체가 잡혀 있으나 하체의 발바닥은 스위블이 이루어지며 피피 포지션을 만들게 되며 중앙사를 향하게 된다.

- 7~9보는 피피 포지션 하에 중앙사를 향해서 샤세를 진행한다.
- 10보 초입에 중앙사를 향해 왼발을 앞으로 디디고 힐플랫으로 체중이동을 완료 하면 10보 후반부에 남성의 바디가 고정되어 있는 관계로 ⊖ 텐션 상태가 형성되며 여성은 스위블하여 클로즈 포지션을 만든다.

블루스 10. 좌우 스핀								
스텝/카운트·발접촉				바디/진행·텐션				액션
여자	♥	&	~	⬌			⊕	클로즈 포지션
	1	Q	1 볼플랫	⬆	↻	좌90	⊕	클로즈 포지션
	2	Q	2 힐플랫	◈		좌45	◎	
	3	S	3 볼플랫	◈		좌90	⊕	
			4 ~				⊕	
	4	S	1 볼플랫	⬆	↷	우 135	⊕	클로즈 포지션
			2 ~				◎	
	5	S	3 볼	⬇	↻	우 180	◎	클로즈 포지션
			4 ~				⊕	
	6	S	5 볼플랫	◈	→	좌 135	⊖	피피 포지션
			6 ~				⊖	
	7	Q	하 힐플랫		↖		⊖	피피 포지션
	8	&	나 볼	◈	↖		◎	
	9	Q	둘 볼플랫		↖		⊖	
	10	S	3 힐플랫	⬌ ↖		좌 135	⊖	역출발 포지션
			4 ~	⬇ ↓			⊕	클로즈 포지션

트로트

01　트로트 소개

트로트 음악은 4/4박자이며, 1분에 33~35마디의 속도이다.

트로트 춤은 블루스와 유사하며 주로 커플이 홀드를 하고 움직이는 경향이 있다.
블루스와 트로트의 휘겨는 동일한 부분이 많기 때문에 블루스를 공부하였다면 트로트의
음악에 맞추어 걷는 부분 즉, 트로트 박자를 알면 그것으로 트로트 춤을 즐길 수 있다.

트로트 역시 서로 바디를 가까이 한 상태에서 같이 움직여야 하기 때문에 춤의 초급 수
준을 배우는 분들이 많이 어려워하는 부분이다.
그러나 핵심적인 정보를 배우며 진도를 나간다면 어려워할 내용이 아니라고 생각된다.

사교춤 3종목에 관하여 이야기하는 중에 트로트 춤이 가장 깊이가 있는 춤이라고 평가
하는 것을 자주 듣게 된다. 이 부분은 글로 표현하기는 힘들 듯하며 독자 여러분께서 춤
의 베이직을 어느 정도 이해하시고, 트로트 춤을 추며 느끼셔야 할 것 같다.

이 책에서는 트로트의 기본 휘겨 10개를 제시하고 그것을 해석하면서 그 춤을 살펴보고
자 한다.

02 트로트 1~10번

1번: 전진하며 방향 전환

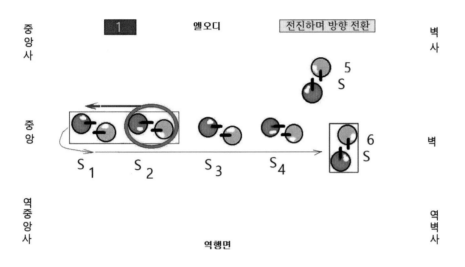

이 표는 트로트 1번의 휘겨인 "전진하며 방향 전환" 움직임 이미지이며, 바디의 움직임이 진행할 때의 방향 용어를 가장자리에 명기하였다.

댄스하시는 분은 얼라이언먼트(진행 방향)를 알고 계시면 댄스와 관련하여 대화하실 때, 많은 도움이 된다.

트로트는 블루스와 유사하게 영어 "S와 Q"으로 박자 길이를 표현한다. 아라비아숫자는 발을 디디는 순번을 의미한다.

참고로 S는 Q 2개와 박자의 길이가 같다. S=Q+Q이다.

• 파랑색 원은 예비보이며, 1보를 디디기 전의 스텝을 표시하고 있다.

차트에서 "스텝/♪" 중 ♪의 의미는 박자 길이를 표시하는 S, Q을 표시한다.

트로트 역시 표를 사용하여 스텝을 분석한 것이 "차트"이다.

트로트 1. 전진하며 방향 전환							
스텝/♪·발접촉			바디/진행·텐션				액션
남자	1	S	볼플랫	⊟	←		⊕	클로즈 포지션
	2	S	힐플랫	⊟	→		⊕	
	3	S	힐플랫	⊟	→		◎	클로즈 포지션.
	4	S	힐플랫	⊟	→		◎	5보 후반부에 좌측 씨비엠
	5	S	힐플랫	⇧	↗	좌90	⊖⊖	클로즈 포지션
	6	S	볼플랫	⇧	↓		⊕⊕	클로즈 포지션
여자	1	S	힐플랫	⇦	←		⊕	클로즈 포지션
	2	S	볼플랫	⇦	→		⊕	
	3	S	볼플랫	⇦	→		◎	클로즈 포지션.
	4	S	볼플랫	⇦	→		◎	5보 후반부에 좌측 씨비엠
	5	S	볼플랫	⇧	↗	좌90	⊖⊖	클로즈 포지션
	6	S	힐플랫	⇧	↓		⊕⊕	클로즈 포지션

남성

- 예비보는 이미지에는 나와 있는 것과 같이 남성이 오른발로 바닥을 디디고 있다.
- 1보: 여성이 오른발을 앞쪽으로 디디게 리드하며, 남성은 뒤쪽으로 왼발을 디뎌야 한다.

이러한 동작을 남성과 여성이 동시에 움직이게 만들어 내야 하며, 보통 표현하는 "텐션 리드"라는 기술을 사용해야 한다.

리드라는 개념은 "여성을 먼저 움직이게 하고, 남성은 그것을 확인하고 나서 움직인다" 이다. 리드 기술이 높을수록 여성과 남성의 움직임 시간 차이가 좁아들게 된다.

남성이 뒤로 이동하니 여성이 보고 따라서 전방으로 움직이는 방식은 곤란하다. 남성이 먼저 움직였기 때문이다.

이때 남성이 여성을 먼저 움직이도록 리드하고 그 리드는 텐션이 바탕이 될 수밖에 없으며, 그 기술로 인해 커플이 같이 움직이는 효과적인 결과를 기대할 수 있다.

남성은 제1보, 뒤로 가기 전에 예비보에서부터 여성에게 신호를 주고 있어야 한다. 여성의 손을 잡은 왼손이 미세하게 뒤로 당겨지고 있어야 한다. 이것은 여성에게 보내는 움직임의 신호이며 텐션이라는 개념이다. 이 부분 내용은 "파트 3의 리드" 항목에서 이미 언급된 바 있다.

그 신호로 여성은 바디가 전방으로 움직일 준비가 완성되었을 것이며, 이어서 남성의 오른손과 여성의 바디가 "중앙(얼라이언먼트)"을 향해 움직이며 바닥을 디디게 된다.

S에서 1보 초입은 체중이동이 완료된 순간이다. 남성 왼발이 바닥을 디디는 순간 체중이 완료되어야 하므로 오른발은 바디 아래로 위치되어야 한다. 그러나 2보가 예비보 자리로 가야 하는 경우에는 그 오른발이 바디 아래가 아니고 그 자리 그대로 놓아두어도 무방하다.

이어서 1보 초입을 지나고 그 이후인 후반부에서는, 제2보를 디디기 위해 바디와 오른발이 그 위치를 찾아 가며 무빙하고 있는 순간(박자)이다.

- 2보는 S이며, 박자 초입에 남성은 오른발을 디디며 체중이동을 완료해야 한다. 그리고 박자 후반부에 제3보 S을 디디기 위해 전방을 향해 무빙해 나간다.
- 3보 S로 지나가고 4보 S에서 좌회전 리드가 포함되어 있다.
- 4보 남성 오른발을 여성은 왼발을 디디게 되면 좌회전 씨비엠을 진행시키며 상체가 엘오디를 보는 자세를 만들고 5보를 디뎌야 한다.

커플댄스에서 부드러운 움직임의 확보를 위해 "와인드업" 동작이 필수적이다. 즉, 왼쪽으로 돌기 위해서는 그전에 오른쪽으로 살짝 움직여 주면 그 반작용으로 왼쪽으로 회전이 부드럽게 연결된다. 이때 상체를 먼저 로테이션 해 주는 것이 씨비엠이다. 골반과 하체는 그 후에 상체를 따라 자동으로 움직이게 된다.

- 5보는 엘오디를 향한 채 전진 왼발을 디딜 때, 6보에 뒤로 움직여야 하므로 여성이 5보에서 후진하게 되고 남성은 6보를 위해 여성보다 덜 전진하게 되는 센터 밸런스 자세를 취하게 된다. 이때 여성의 후진을 리드하기 위하여 남성은 팔의 프레임을 유지하고 뒤로 가는 여성의 에너지를 ⊖ 텐션을 이용하여 잡아주고-여성을 전진시키게 된다.
- 6보는 오른발을 뒤로 디디게 되며 4보가 디딘 자리에 6보를 디뎌도 된다.
- 그다음 휘거에 들어가기 위하여 2개 휘거를 연결시키는 "SS" 링크를 사용하게 된다.

트로트 1. 전진하며 방향 전환							
스텝/♪·발접촉			바디/진행·텐션				액션
여자	1	S	힐플랫	⇔	←		⊕	클로즈 포지션
	2	S	볼플랫	⇔	→		⊕	
	3	S	볼플랫	⇔	→		◎	클로즈 포지션.
	4	S	볼플랫	⇔	→		◎	5보 후반부에 좌측 씨비엠
	5	S	볼플랫	⇕	↗	좌90	⊖⊖	클로즈 포지션
	6	S	힐플랫	⇕	↓		⊕⊕	클로즈 포지션

여성

- 여성 1보. 남성의 리드에 반응하며 박자 초입에 오른발 앞으로 디딘다. 여성 2보에 뒤로 진행해야 하기 때문에 왼발은 뒤에 위치해 놓고 있어도 좋다. 박자 후반부에 남성의 바디 리드에 반응하며, 뒤로 바디가 이동한다.
- 2보는 왼발을 디디며 박자 초입에 체중이동 완료를 위해 오른발이 바디 아래에 위치한다. 박자 후반부에 남성의 바디 리드에 반응하며, 뒤로 바디가 이동한다.
- 3보는 오른발 디딘다.
- 4보에 왼발을 디디며, 남성의 씨비엠 리드에 반응하며 상체가 좌측 회전한다.

- 5보에 역행면을 보면서 오른발을 디딘다.
- 6보에 왼발을 디디며 전진 무빙한다.

트로트 1번을 사례로 실천해야 할 중요한 3부분을 살펴보았다.

트로트 춤을 즐길 때는 음악의 박자를 잘 들어야 한다. 그리고 무빙을 하게 되는 데 박자에 맞는 체중의 움직임을 실천해야 한다.

전진 시에는 바디가 먼저 무빙하게 되며, 후진 시에는 발이 먼저 뒤로 뻗어진 후 바디의 움식임이 뒤따라야 한다.

홀드하고 있는 상체의 팔은 가슴으로 큰 공을 안고 있는 듯 홀드 프레임을 서로 유지하도록 노력해야 한다.

특히 박자에 맞추어 바디가 정지 없이 흐르도록 부드러움을 유지한다.

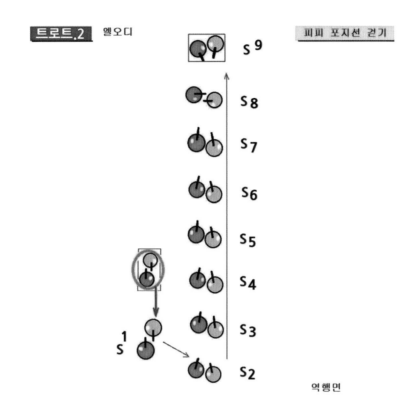

남성

출발하기 전에 클로즈 포지션을 유지한다.

춤에 여유가 있는 분은 컨택이 유지되는 클로즈드 포지션(Closed Position)을 사용하면

포지션의 변경을 확실하게 리드하고, 좀 더 편한 무빙이 될 것이다.

- 1~2보 클로즈 포지션 상태에서 1보는 왼발 뒤로 디디고, 2보에 피피 포지션을 만든다.
- 3~7보까지 피피 포지션을 유지하며 전진한다.
- 8~9보는 방향을 바꾸기 위한 액션이다.

엘오디로 향하던 걸음을 9보에 반대방향으로 역피피 포지션을 만들어야 하므로, 8보에 남성이 우측 90도 턴을 하며 클로즈 포지션을 통과하고 9보에 역피피 포지션을 만든다.

8보에서 클로즈 포지션을 만들기 위하여 7보 후반부에 여성의 오른손을 남성 쪽으로 리드하며 여성바디가 남성을 보도록 미리 신호를 주게 된다.
8보에 서로 마주보게 되면 남성은 9보 역피피 포지션을 위하여 여성의 위치를 확인하며 여성보다 앞에 서는 위치를 선택한다.

피피 혹은 역피피 포지션의 위치는 남성의 약간 뒤쪽에 여성이 위치해야 편한 무빙이 가능하다.

트로트 2. 피피 포지션 걷기							
스텝/♪·발접촉			바디/진행·텐션				액션
남자	9	S	볼플랫	↑	우45	⊕⊖	역피피 포지션
	8	S	힐플랫	↑	우45	⊕	클로즈 포지션
	7	S	힐플랫	↑		⊖	피피 포지션
	6	S	힐플랫	↑		⊖	
	5	S	힐플랫	↑		⊖	
	4	S	힐플랫	↑		◎	
	3	S	힐플랫	↑		⊖	
	2	S	볼플랫	↓	우45	⊕⊖	
	1	S	볼플랫	↓		⊖⊕	클로즈 포지션

여성

• 1~2보는 클로즈 포지션에서 남성이 오른손목을 앞으로 진행시키는 리드에 반응하며 오른발이 역행면을 향해 디디게 된다. 이어서 남성이 여성의 바디를 오른쪽으로 돌

려주는 리드를 받으며 바디가 턴이 되는 순간, 오른손목이 당겨지는 ⊖ 텐션을 만들며 피피 포지션을 형성한다.

피피 포지션의 여성 위치는 남성의 약간 뒤쪽에 위치해야 하며, 남성 오른쪽 골반과 여성 골반 중앙이 걸려 있는 느낌이어야 남성의 무빙에 잘 반응할 수 있을 것이다.

다시 말씀드리면, 피피 포지션 리드가 들어오면 여성은 남성의 뒤쪽으로 길게 움직여야 한다.

- 3~7보까지 피피 포지션을 유지하며 전진한다.
- 8~9보는 방향을 바꾸기 위한 무빙이다.

엘오디로 향하던 걸음을 9보에 역행면을 향해서 역피피 포지션을 만들어야 하므로, 8보에 남성이 좌측 90도 턴을 하며 클로즈 포지션을 통과하고 9보에 역피피 포지션을 만든다.

남성이 7보 후반부에 방향 전환을 위한 ⊖ 텐션 리드를 하게 되며 여성은 이에 잘 반응하며 회전 준비를 하고 8보의 클로즈 포지션에서 남성의 오른손을 여성이 왼손으로 미는 ⊕ 텐션 리드를 수행하고 즉시 여성 왼손의 ⊖ 텐션 반응을 활성화하며 역피피 포지션 위치에 선다.

트로트 2. 피피 포지션 걷기							
스텝/♪·발접촉			바디/진행·텐션				액션
여자	9	S	볼플랫	⬓	↑	좌45	⊕⊖	역피피 포지션
	8	S	힐플랫	⬌	↑	좌45	⊕	클로즈 포지션
	7	S	힐플랫	⬓	↑		⊖	피피 포지션
	6	S	힐플랫	⬓	↑		⊖	
	5	S	힐플랫	⬓	↑		⊖	
	4	S	볼플랫	⬓	↑		◎	
	3	S	힐플랫	⬓	↑		⊖	
	2	S	볼플랫	⬓	↘	우135	⊕⊖	
	1	S	힐플랫	⬍	↓		⊖⊕	클로즈 포지션

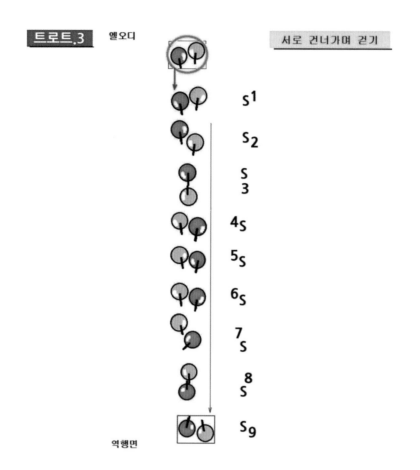

트로트.3　엘오디

서로 건너가며 걷기

S1

S2

S3

4S

5S

6S

7S

8S

S9

역행면

남성

역행면을 보며 역피피 포지션에서 출발한다.

- 1~3보의 경우 역피피 포지션에서 1보 오른발 앞으로 디디고, 2보에 왼발 앞으로 디디며 뒤에 있던 여성이 3보에 남성 앞으로 오도록 바디 리드를 적극적으로 한다.

남성 2보는 보폭을 좁게 디디고, 여성은 2보에 보폭 길게 전진하도록 ⊖ 텐션 리드한다.

그 결과 3보에 여성이 남성 앞으로 옮겨진다.

3보 클로즈 포지션에서 4보 피피 포지션을 만들어야 한다. 3보에서 남성은 피피 포지션에서의 남성 위치를 설계하고 결정해야 한다.

그 결과로 앞에 위치한 여성을 왼손으로 적극적인 전진의 ⊕ 텐션 리드를 수행하고 여성의 앞에 자리 잡으며 4보의 피피 포지션을 만든다.

트로트 3. 서로 건너가며 걷기							
스텝/♪·발접촉			바디/진행·텐션				액션
남자	1	S	힐플랫	◇	↓		⊖	역피피 포지션
	2	S	힐플랫	◇	↓		⊖	
	3	S	힐플랫	⬓	↓	우45	⊕	클로즈 포지션
	4	S	힐플랫	◇	↓	우45	⊕	피피 포지션
	5	S	힐플랫	◇	↓		⊖	
	6	S	힐플랫	◇	↓		◎	
	7	S	힐플랫	◇	↙	우45	⊕	
	8	S	볼플랫	⬒	↓	우135	⊕	클로즈 포지션
	9	S	볼플랫	◇	↓	우45	⊕⊖	피피 포지션

- 4~6보까지 피피 포지션을 유지하며 역행면을 향하여 전진한다.
- 7~9보는 남성이 여성을 건너가며 피피 포지션을 만든다.

8보에 여성 앞에 서야 하므로, 7보에는 여성의 보폭을 반으로 줄일 수 있도록 남성의 바디로 잡는 리드를 수행한다. 그리고 남성은 오른발이 길게 진행하며 여성 앞으로 진행하고 있어야 한다.

8보에 전진하던 여성을 가로막고 있는 클로즈 포지션이 형성된다.

9보의 피피 포지션을 만들기 위하여 남성은 살짝 뒤로 이동하는 리드를 수행하고 여성은 길게 전진하도록 ⊖ 텐션 리드한다.

이때 여성은 길게 전진하다가 남성의 오른발에 살짝 걸리며 우회전하게 되며 피피 포지선을 만들게 된다.

여성

• 1~3보의 경우 역피피 포지션에서 1보 왼발 앞으로 디디고, 2보에 오른발 앞으로 디딘다.

3보에 남성 앞에 서야 하므로 2보는 보폭을 길게 디디면 남성이 2보를 작을 보폭으로 디딘 결과 남성 오른손으로 ⊖ 텐션 리드가 발생하며 3보에 여성을 남성 앞으로 오게 하는 리드로 진행된다.

4보에 피피 포지션을 만들어야 하므로, 남성은 여성을 우회전시키는 리드를 진행하게 된다. 즉, 3보 클로즈 포지션에서 남성이 적극적으로 전진하게 되어 여성은 우측 턴이 발생되고 남성이 전진하여 피피 포지션이 만들어진다.

트로트 3. 서로 건너가며 걷기							
스텝/♪·발접촉			바디/진행·텐션				액션
여자	1	S	힐플랫	✧	↓		⊖	역피피 포지션
	2	S	힐플랫	✧	↓		⊖	
	3	S	볼플랫	⬆	↙	우135	⊕	클로즈 포지션
	4	S	힐플랫	✧	↓	우135	⊕	피피 포지션
	5	S	힐플랫	✧	↓		⊖	
	6	S	힐플랫	✧	↓		◎	
	7	S	힐플랫	✧	↙		⊕	
	8	S	힐플랫	⬆	↓	우45	⊕	클로즈 포지션
	9	S	볼플랫	✧	↓	우135	⊕⊖	피피 포지션

• 4~6보까지 피피 포지션을 유지하며 역행면을 향하여 전진한다.

• 7~9보는 남성이 여성을 건너가며 피피 포지션을 만든다. 8보에 남성이 여성 앞에 서야 하므로, 7보에는 여성의 보폭이 반으로 디디도록 남성의 리드가 진행된다. 그리고

남성은 오른발이 길게 진행하며 여성 앞으로 오게 된다. 이때 여성은 여유 있는 자세로 남성이 앞을 지나가도록 상대를 주시하며 기다려 주면 된다.

8보에 전진하던 남성이 진행하던 여성을 가로막고 있는 클로즈 포지션이 만들어진다.

9보의 피피 포지션을 만들기 위하여 남성은 살짝 뒤로 이동하는 무빙을 하게 된다.

여성은 이때 직극적인 액션이 필요하며, 길게 전진하며 남성의 바니를 밀고 나가는 움직임으로 피피 포지션 위치에 서야하며 남성은 정지해 있고, 여성은 진행하고 있으므로 ⊖ 텐션을 여성이 리드하였다고 볼 수 있다.

4번: 내추럴 턴 피피 포지션

트로트.4　엘오디　내추럴 턴 피피 포지션

6
S

S
5

S4

S3

S2

S1

역행면

남성

출발하기 전에 피피 포지션을 유지한다.

- 1~4보 피피 포지션을 유지하며 전진한다. 1보에 여성이 전진하도록 리드하며 왼발을 디딘다. 2~4보 피피 포지션을 유지하고 진행하며, 5보에 여성 앞에 서야 하므로 4보에 여성의 보폭을 좁게 리드하고, 남성은 오른발의 보폭을 길게 하며 걷는다.
- 5~6보에서 오른쪽 턴을 하며 피피 포지션을 만든다. 5보에서 남성이 왼쪽으로 돌며 들어가서 역행면을 보고 있는 상태에서 여성을 막는 상황을 만들었지만, 그 이후에도 같은 방향의 회전으로 진행된다. 여성 앞에 위치하는 클로즈 포지션을 만든다, 그 이후 오른발을 뒤쪽에 놓으며 오른발 볼로 바닥에 디디고-여성을 포옹하고 있다는 느낌으

로 같이 오른쪽으로 돌며 중앙사를 향해 정지한다.

트로트 4. 내추럴 턴 피피 포지션							
	스텝/♪ · 발접촉		바디/진행 · 텐션				액션
남자	6	S	볼플랫	◈ ↑	우90	⊕⊖	피피 포지션
	5	S	볼플랫	⬍ ↗	우180	⊕	클로즈 포지션
	4	S	힐플랫	◈ ↑		◎	피피 포지션
	3	S	힐플랫	◈ ↑		◎	
	2	S	힐플랫	◈ ↑		⊖	
	1	S	힐플랫	◈ ↑		⊖	
여자	6	S	볼플랫	◈ ↑	우270	⊕⊖	피피 포지션
	5	S	힐플랫	⬍ ↗		⊕	클로즈 포지션
	4	S	힐플랫	◈ ↑		◎	피피 포지션
	3	S	힐플랫	◈ ↑		◎	
	2	S	힐플랫	◈ ↑		⊖	
	1	S	힐플랫	◈ ↑		⊖	

여성

피피 포지션으로 출발한다.

• 1~4보 피피 포지션을 유지하며 남성의 리드에 반응하며 전진한다.

1보에 여성이 오른발을 디딘다.

2~4보에 피피 포지션을 유지하고 진행하며, 5보에 남성이 여성 앞을 막고 클로즈 포지션을 만들 것이다.

4보에 남성이 움직일 수 있도록 여성의 보폭을 좁게 하고, 기다리면 남성에 의해 클로즈 포지션이 유도된다.

• 5~6보에서 오른쪽 턴을 하며 피피 포지션을 만든다.

5보에서 남성이 여성 앞으로 들어오며 클로즈 포지션을 만들었다.

6보에서 역중앙사를 방하며 피피 포지션을 만들어야 한다.

그러기 위해서 클로즈 포지션 상태에서 여성이 적극적으로 남성의 바디를 지나고-남성 기준으로 피피 포지션 위치를 찾아서 왼발을 디딘다.

5보에서는 남성과 여성이 같이 우측 턴을 하며 피피 포지션을 만든다.

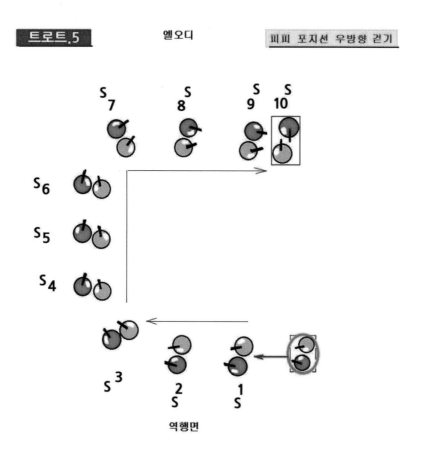

남성

출발하기 전에 피피 포지션을 유지한다.

• 1~9보까지 피피 포지션을 유지하며 전진한다.

• 1~2보에 여성이 전진하도록 리드하며 진행한다.

• 3보에 남성이 피피 포지션 프레임을 유지한 채 남성이 방향 전환을 하면 여성은 그 리드에 따라서 방향이 변경된다.

남성은 방향 전환을 할 때 자동차 운전하듯이 서서히 앞에 위치한 팔의 방향을 먼저 변경시키면 바디는 팔을 따라서 진행된다.

- 4~5보에서 음악의 박자에 맞추어 피피 포지션으로 진행한다.
- 6보에서는 3보와 동일하게 남성이 우측으로 방향 전환을 하며 여성을 리드한다.
- 7보에 피피 포지션을 유지하고 오른쪽 90도 방향으로 진행한다.
- 8~9보에 전진하며 10보에 클로즈 포지션을 만든다.
- 10보에 우측으로 45도 턴을 하며 오른발을 왼발 옆으로 모으며 남성 혼자만의 액션이으로 클로즈 포지션을 만든다. 즉, 여성에게 리드가 없는 액션이다.

트로트 5. 피피 포지션 우방향 걷기							
스텝/♪·발접촉					바디/진행·텐션		액션
남자	10	S	볼플랫	⊕	→	우45	⊕	클로즈 포지션
	9	S	힐플랫	◈	→		◎	피피 포지션
	8	S	힐플랫	⊟	→	우90	◎	
	7	S	힐플랫	◈	↗		⊖	
	6	S	힐플랫	◈	↑		⊖	
	5	S	힐플랫	◈	↑		◎	
	4	S	힐플랫	⇧	↑	우90	⊖	
	3	S	힐플랫	◈	↘		⊖	
	2	S	힐플랫	◈	←		◎	
	1	S	힐플랫	◈	←		⊖	

여성

출발하기 전에 피피 포지션을 출발한다.

- 1~9보까지 피피 포지션을 유지하며 전진한다.
- 1~2보에 남성과 함께 전진한다.
- 3보에 남성이 방향 전환을 하면 여성은 그 리드에 따라서 진행한다.

- 4~5보에서 음악의 박자에 맞추어 피피 포지션으로 진행한다.
- 6~7보에 남성의 리드에 의해 우측 방향으로 진행한다.
- 8~9보에 전진하며 10보에 클로즈 포지션을 만든다.

10보에 좌측으로 45도 턴을 하며 왼발을 오른발 옆으로 모으며 클로즈 포지션을 만든다. 이때 여성은 클로즈 포지션이므로 남성의 오른쪽에 여성의 오른쪽 바디가 위치하도록 항상 체크 하여야 한다.

즉, 남성이 클로즈 포지션으로 서게 되면 여성은 남성의 오른쪽 그 위치에 찾아가서 서야 한다. 이것은 "비쥬얼 리드(Visual Lead)"라고 알려져 있다.

트로트 5. 피피 포지션 우방향 걷기							
스텝/♪·발접촉			바디/진행·텐션				액션
여자	10	S	볼플랫	⬆	→	좌45	⊕	클로즈 포지션
	9	S	힐플랫	⬈	→		◎	
	8	S	힐플랫	⬈	→	우90	◎	
	7	S	힐플랫	⬈	↗		⊖	
	6	S	힐플랫	⬉	↑		⊖	피피 포지션
	5	S	힐플랫	⬉	↑		◎	
	4	S	힐플랫	⬉	↑	우90	⊖	
	3	S	힐플랫	⬅	↖		⊖	
	2	S	힐플랫	⬋	←		◎	
	1	S	힐플랫	⬋	←		⊖	

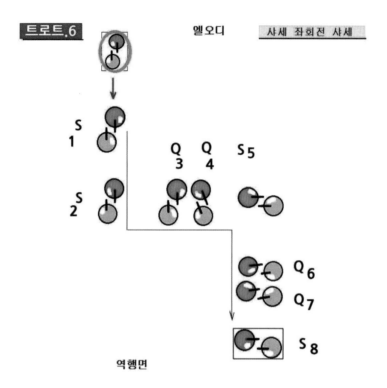

남성

출발하기 전에 클로즈 포지션을 유지한다.

• 1~2보 클로즈 포지션을 유지하며 남성이 역행면을 향해 전진한다.

1보에 여성이 후진하도록 먼저 리드한 후 왼발을 앞으로 디딘다.

2보 초입에 ⊕ 텐션으로 여성을 후진시킨 후, 바로 ⊖ 텐션으로 여성을 세운다. 이어서 좌측 3~5보 샤세로 연결하게 된다.

• 3~5보는 좌측으로 리드하며 여성이 먼저 좌측으로 움직이도록 하며 동시에 남성이

씨비엠을 사용하여 왼쪽으로 턴이 되도록 진행해 간다. 이때 남성의 리드 요령은, 여성을 홀드한 프레임을 그대로 고정하고-남성이 솔로로 스텝을 진행하는 것과 똑같이 무빙하면 좋으며, 5보에 남성이 벽을 향하고 있다.

트로트 음악의 Q 박자는 생각보다 매우 빠르다. 무빙 중, 좌측 샤세의 경우 여성에게 미리 샤세라는 신호를 주어야 한다. 이 기법은 남성의 다양한 방법이 사용되고 있다.
저자는 2보 후반부에-오른손의 중지를 사용하여 여성의 왼쪽 바디를 미세하게 밀어주는 신호를 전달하고 난 후, 좌우 바디(팔꿈치)의 무빙으로 여성과 같이 진행하는 방식을 사용하고 있다.

• 6~8보는 회전 없는 오른쪽 샤세이다. 남성이 여성을 오른쪽으로 먼저 무빙하도록 리드한 후에 샤세를 진행한다.

여성
엘오디를 바라보며 클로즈 포지션에서 후진한다.

• 1~2보 클로즈 포지션을 유지하며 역행면을 향해 후진한다. 1보에 여성이 후진하도록 남성의 리드에 반응하며 오른발을 뒤로 디딘다.
• 2보 초입에 ⊕ 텐션으로 남성이 여성을 후진시킨 후, 여성은 바로 ⊖ 텐션으로 바디를 세운다. 이어서 좌측 3~5보 샤세로 연결하게 된다.
• 3~5보는 남성의 리드에 반응하며, 여성의 우측으로 진행한다.

트로트 음악의 Q 박자는 생각보다 매우 빠르다. 무빙 중, 좌측 샤세의 경우 여성에게 미리 샤세라는 신호를 주어야 한다.

이 기법은 남성의 다양한 방법이 사용되고 있다.

저자는 2보 후반부에-오른손의 중지를 사용하여 여성의 왼쪽 바디를 미세하게 밀어주는 신호를 전달하고 난 후, 좌우 바디(팔꿈치)의 무빙으로 여성과 같이 진행하는 방식을 사용하고 있다.

• 6~8보는 회전 없는 오른쪽 샤세이다.

				바디/진행·텐션				액션
	스텝/♪·발접촉							
남자	1	S	힐플랫	⬍	↓		⊕	클로즈 포지션
	2	S	힐플랫	⬍	↓		⊖	
	3	Q	볼플랫	⬍	→		⊖	클로즈 포지션-좌회전 샤세
	4	Q	볼	⬉	→	좌90	◎	
	5	S	볼플랫	⬌	→		⊕	
	6	Q	볼플랫	⬌	↓		⊕	클로즈 포지션-사이드 샤세
	7	Q	볼	⬌	↓		◎	
	8	S	볼플랫	⬌	↓		⊖	
여자	1	S	볼플랫	⬆	↓		⊕	클로즈 포지션
	2	S	볼플랫	⬆	↓		⊖	
	3	Q	볼플랫	⬆	→		⊖	클로즈 포지션-좌회전 샤세
	4	Q	볼	⬋	→	좌90	◎	
	5	S	볼플랫	⬅	→		⊕	
	6	Q	볼플랫	⬅	↓		⊕	클로즈 포지션-사이드 샤세
	7	Q	볼	⬅	↓		◎	
	8	S	볼플랫	⬅	↓		⊖	

트로트 6. 샤세 좌회전 샤세

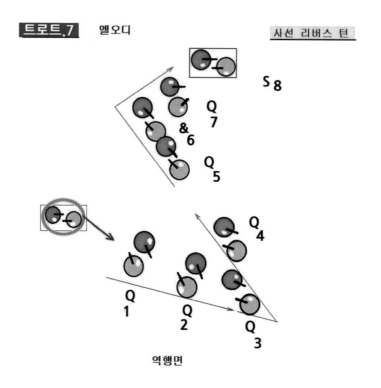

트로트.7 엘오디

사선 리버스 턴

역행면

남성

출발하기 전에 클로즈 포지션을 유지한다.

- 1~4보 역벽사를 향하며 내추럴 4Q 진행한다.
- 5~8보에서 남성은 역벽사를 향하며, 5~6보 남성 후진, 마지막 7보는 벽을 보며 왼발은 벽사를 향하여 전진하며 바닥을 디딘다.
- 마지막 스탭인 8보는 여성이 서야할 위치에 안착하는 광경을 확인한 후 오른발로 클로즈 포지션 위치에 디딘다.

트로트 7. 사선 리버스 턴								
	스텝/♪·발접촉			바디/진행·텐션				액션
남자	8	S	힐플랫	⇨	↗	우45	⊖⊕	클로즈 포지션
	7	Q	볼플랫	⇨	↗	좌90	⊕	피피 포지션
	6	&	볼	◈	↖		⊕	앞에선 포지션
	5	Q	볼플랫	◈	↖		◎	앞에선 포지션
	4	Q	볼플랫	◈	↖		⊖	비켜선 포지션
	3	Q	힐플랫	◈	↘		⊖	비켜선 포지션
	2	Q	힐플랫	◈	↘		⊕	비켜선 포지션
	1	Q	힐플랫	◈	↘		⊕	비켜선 포지션
여자	8	S	힐플랫	⇨	↗	좌135	⊖⊕	클로즈 포지션
	7	Q	볼플랫	◈	↗	우90	⊕	피피 포지션
	6	&	볼	◈	↖		⊕	앞에선 포지션
	5	Q	힐플랫	◈	↖		◎	앞에선 포지션
	4	Q	힐플랫	◈	↖		⊖	비켜선 포지션
	3	Q	볼플랫	◈	↘		⊖	비켜선 포지션
	2	Q	볼플랫	◈	↘		⊕	비켜선 포지션
	1	Q	볼플랫	◈	↘		⊕	비켜선 포지션

여성

출발하기 전에 클로즈 포지션을 유지하며 후진한다.

- 1~4보 중앙사를 바라보고 역벽사를 향해 후진하며 내추럴 4Q 진행한다.
- 5~8보 중 5~6보에서 중앙사를 향하며 전진하고, 7보에 역벽사를 보며 피피 포지션을 만든다. 8보 초입에는 역벽사를 향해 전진하고 후반부에 중앙을 보며 클로즈 포지션을 만든다.

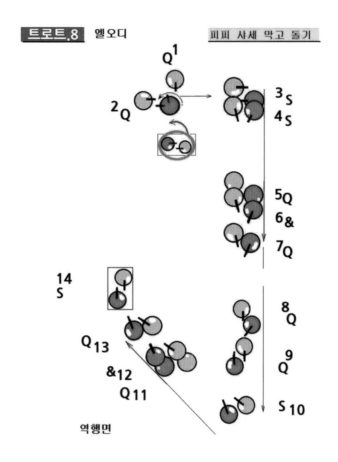

남성

출발하기 전에 벽을 향하고, 클로즈 포지션을 유지한다.

- 1~2보 클로즈 포지션을 유지하며 남성이 축이 되며 제자리에서 회전을 한다. 이 회전을 좀더 정확하게 실행하기 위하여 "클로즈드 포지션"을 권한다. 좌측으로 180도 회전하고, 2보에 중앙을 보고 끝낸다.

- 3~4보는 피피 포지션을 만드는 카운트이다. 3보에 클로즈 포지션을 유지하고 뒤로

무빙하며 왼발을 뒤로 디딘다. 4보는 벽사 쪽으로 여성을 보내며 피피 포지션을 만든다. 이때 남성은 역중앙사를 향하는 자세가 된다.

텐션의 과정을 살펴보면, 3보에 남성이 뒤로 무빙하기 위하여 여성과 접촉하고 있는 왼손목에서 ⊖ 텐션 상태를 만들어 놓은 후-⊖ 텐션 강도를 그대로 끌며 뒤로 무빙하며 왼발을 디디고 선다-여성이 남성에게로 다가오고 있으므로 ⊕ 텐션이 만들어지고-그 강도를 유지하며 남성은 오른쪽 뒤 오른쪽 45도 방향으로 보폭 적게 움직이고 오른발을 디디고 서며, 여성을 ⊕ 텐션을 이용하여 오른쪽으로 밀어낸다-남성은 바디와 왼손목(왼쪽 팔)으로 여성을 오른쪽으로 밀어낸 후 즉시 왼손목을 그 좌표에서 정지상태를 유지하면-여성은 남성 오른쪽 뒤로 바디가 움직이며 잡힌 여성의 오른손이 ⊖ 텐션이 걸리면서 정지하게 되어 피피 포지션이 만들어진다.

• 5~7보는 피피 포지션을 유지하며 역행면을 향해 샤세로 진행한다. 5보에 왼발로 디디고 설 때 오른발이 따라오며 왼발 옆에 대기하게 된다. 6보에 오른발 볼로 바닥을 누르며 왼발을 앞으로 뻗는다. 왼발은 이때 볼플랫으로 바닥을 디디게 되며, 오른발은 왼발 옆으로 이미 접근해 있어야 다음 스텝을 준비할 수 있다.

샤세에서의 남성 리드 방법을 살펴본다.
5보에서 남성이 전진할 때, 남성의 발목과 왼손과 오른손을 사용하여 여성을 먼저 살짝 들어 올리는 느낌으로 나가며 왼발 힐플랫으로 바닥을 디디는데 이 순간 오른발이 왼발과 붙어 다니는 느낌으로 세트로 움직이게 해야 한다. 오른발이 왼발 옆으로 와 있으므로 6보는 오른발이 볼로 바닥을 누르며 왼발을 앞으로 뻗게 되면 바디는 미세하게 전진무빙을 하고 있다. 이때도 받쳐들고 있는 여성 파트너를 소중하게 대하며 같이 움직이게 된다.
7보에서는 6보에 볼로 디디었으므로 바디가 살짝 위로 올라 있는 상태이므로, 이미 뻗어진 왼발이 바닥을 볼로 디디게 되는데 이때가 센터 밸런스를 통과하는 시점이 된다.

바디를 왼발위로 올려놓으며 바닥을 디뎠던 볼은 자연스럽게 발 전체가 바닥에 닿는 볼 플랫 상태가 되고 이 순간 오른발은 왼발 옆으로 끌어서 가까이 위치시켜야 한다.

이러한 남성 리드가 진행되면, 여성도 순간순간 신호가 전달되며 남성과 같이 무빙을 하게 될 것이다.

• 8~10보는 피피 포지션 상태에서 8~9보 전진하며 10보에 방향을 바꾸는 동작이다. 이 부분에서는 9보에 여성 앞에 잘 서는 것이 가장 중요하다.

앞에서도 언급하였지만 사교댄스에서 특히 블루스 트로트에서의 춤은 클로즈 포지션-비켜선 포지션-클로즈 포지션-피피 포지션-클로즈 포지션 등등으로 파트너와의 포지션이 불규칙하게 그 휘거의 내용에 따라 변화가 되는데, 그 때 그때의 해당되는 포지션을 정확하게 만들고 변경시키는 것이 댄스를 잘하는 비결이 된다.

트로트 8. 피피 샤세 막고 돌기								
스텝/♪·발접촉				바디/진행·텐션				액션
남자	1	Q	힐플랫	⬆	↶	좌90	⊖	클로즈 포지션
	2	Q	볼플랫	⬅		좌90	⊕	
	3	S	볼플랫	⬅	→		⊖⊕	클로즈 포지션
	4	S	볼플랫	⤢	↗	좌45	⊕⊖	피피 포지션
	5	Q	힐플랫	⤢	↓		⊖	피피 포지션 샤세
	6	&	볼	⤢	↓		◎	
	7	Q	볼플랫	⤢	↓		⊖	
	8	Q	힐플랫	⤢	↓		◎	피피 포지션
	9	Q	볼플랫	⬆	↓	우135	⊕	클로즈 포지션
	10	S	볼플랫	⬉	↓	좌45	⊕⊖	피피 포지션
	11	Q	힐플랫	⬉	↖		⊖	피피 포지션 샤세
	12	&	볼	⬉	↖		◎	
	13	Q	볼플랫	⬉	↖		⊖	
	14	S	힐플랫	⬆	↖	우45	⊖⊕	클로즈 포지션

8보를 진행할 때는 9보에 여성 앞에 서야 한다는 계획이 이미 서 있어야 한다. 그러한 계획과 연결되어 8보는 여성보다 보폭을 길게 전진해 나가야 한다. 이때 여성이 보폭을 길게 나가면 남성의 계획 실현이 어려워지므로, 여성이 보폭을 좁혀 진행하도록 남성이 살짝 압박을 하며 보폭이 짧아지도록 리드해야 한다.

9보에 여성 앞을 정확하게 막아서며 클로즈 포지션을 만든다.

10보는 막았던 길을 열어주기 위하여 오른발이 뒤로 디디며 바디가 엘오디를 향하게 되면서 피피 포지션을 만든다.

• 11~14보는 피피 포지션 상태에서 중앙사 방향으로 샤세로 전진하며 14보에 엘오디를 향하며 클로즈 포지션으로 만든다.

11보에서 여성을 살짝 들어올리는 기분으로 먼저 움직이게 리드하고 난 후 11보에 왼발 힐플랫으로 디디고 12보에 오른발 볼로 디디며 13보에 왼발 볼플랫으로 디디게 된다.

14보는 오른발을 중앙사 방향으로 보폭 좁게 앞으로 디디며 왼발을 모으고 똑바로 서면 클로즈 포지션이 만들어진다.

여성

방향은 중앙을 향하고, 클로즈 포지션을 유지한다.

• 1~2보 클로즈 포지션을 유지하며 남성이 축이 되어 제자리에서 회전을 리드하게 된다. 좌측으로 180도 회전하고, 2보에 벽을 보고 끝낸다.

• 3~4보는 피피 포지션을 만드는 카운트이다. 3보에 클로즈 포지션을 유지하고 앞으로 무빙하며 오른발을 앞으로 뻗으며 디딘다. 4보는 남성의 리드에 반응하며, 벽사 쪽으로 여성이 바디를 움직이며 남성의 뒤쪽에 위치하고 피피 포지션을 만든다. 이때 여성은 역벽사를 향하는 자세가 된다.

트로트 8. 피피 샤세 막고 돌기						
스텝/♪·발접촉			바디/진행·텐션			액션
여자	1	Q	힐플랫	⬍	↰	좌90	⊖	클로즈 포지션
	2	Q	볼플랫	⬌		좌90	⊕	
	3	S	힐플랫	⬌	→		⊖⊕	클로즈 포지션
	4	S	볼플랫	⬨	↗	좌45	⊕⊖	피피 포지션
	5	Q	힐플랫	⬨	↓		⊖	피피 포지션 샤세
	6	&	볼	⬨	↓		◎	
	7	Q	볼플랫	⬨	↓		⊖	
	8	Q	힐플랫	⬨	↓		◎	피피 포지션
	9	Q	힐플랫	⬍	↓	우135	⊕	클로즈 포지션
	10	S	볼플랫	⬨	↓	좌45	⊕⊖	피피 포지션
	11	Q	힐플랫	⬨	↖		⊖	피피 포지션 샤세
	12	&	볼	⬨	↖		◎	
	13	Q	볼플랫	⬨	↖		⊖	
	14	S	힐플랫	⬍	↖	우45	⊖⊕	클로즈 포지션

텐션의 과정을 살펴보면,

3보에 남성이 뒤로 무빙하기 위하여 여성의 오른손 손목을 당기는 ⊖ 텐션 상태를 만들어 놓은 후-⊖ 텐션 강도를 그대로 뒤로 끌고 가게 되며

여성은 이에 반응하며 텐션강도를 유지하면서 앞으로 무빙하여 오른발로 디디고 선다 여성이 남성에게로 진행해 가고 남성은 그 자리에 서 있게 되므로 ⊕ 텐션이 만들어지고-그 강도를 유지하며 남성은 벽사 방향으로 보폭 적게 움직여 오른발을 디디고 서며, 여성을 ⊕ 텐션을 이용하여 벽사 쪽으로 밀어낸다-남성은 바디와 왼손목(왼쪽 팔)으로 여성을 오른쪽으로 밀어낸 후 즉시 왼손목을 그 좌표에서 정지상태를 유지하고 있으면-여성은 남성 오른쪽 뒤로 바디가 움직이고 있으므로, 잡힌 여성의 오른손에 ⊖ 텐션이 걸리게 되면서 정지하게 되고 피피 포지션이 만들어진다.

• 5~7보는 피피 포지션을 유지하며 역행면을 향해 샤세로 진행한다. 5보에 여성이 오른발로 디디고 설 때 왼발을 오른발 옆에 모은다.

6보에 왼발 볼로 바닥을 누르며 오른발을 앞으로 뻗는다. 오른발은 이때 볼플랫으로 바닥을 디디게 되며, 뒤쪽에 위치한 왼발은 오른발 옆으로 이미 접근해 있어야 다음 스텝을 준비할 수 있다.

샤세에서의 남성 리드에 반응하는 여성 움직임을 살펴본다.
5보에서 남성이 전진할 때, 남성의 바디와 왼손 오른손의 리드를 여성은 느낄 수 있다. 그 리드에 의하여 오른발 힐플랫으로 바닥을 디디는데 이 순간 왼발은 오른발 옆에 붙어 다니는 느낌으로 세트로 움직이게 해야 한다.

왼발이 오른발 옆으로 와 있으므로 6보는 왼발이 볼로 바닥을 누르며 동시에 오른발을 앞으로 뻗게 되면 바디는 미세하게 전진무빙을 하고 있다.
7보에서는 6보에 볼로 디디었으므로 바디가 살짝 위로 올라 있는 상태이고, 이미 뻗어진 오른발이 바닥을 볼로 디디게 되는데 이때가 센터 밸런스를 통과하는 시점이 된다.
바디를 오른발 위로 올려놓으며 바닥을 디뎠던 볼은 자연스럽게 발 전체가 바닥에 닿는 볼플랫 상태가 되고, 이 순간 왼발은 오른발 옆으로 이동하여 가까이 위치시켜야 한다.

이러한 남성 리드에 여성의 반응이 적절하게 진행되면, 서로의 신호와 반응이 무리가 없이 전달되는 결과로 여유 있는 무빙을 하게 될 것이다.

	스텝/♪·발접촉			바디/진행·텐션				액션
여자	1	Q	힐플랫	⬍	↶	좌90	⊖	클로즈 포지션
	2	Q	볼플랫	⬌		좌90	⊕	
	3	S	힐플랫	⬌	→		⊖⊕	클로즈 포지션
	4	S	볼플랫	⬦	↗	좌45	⊕⊖	피피 포지션
	5	Q	힐플랫	⬦	↓		⊖	피피 포지션 샤세
	6	&	볼	⬦	↓		◎	
	7	Q	볼플랫	⬦	↓		⊖	
	8	Q	힐플랫	⬦	↓		◎	피피 포지션
	9	Q	힐플랫	⬍	↓	우135	⊕	클로즈 포지션
	10	S	볼플랫	⬦	↓	좌45	⊕⊖	피피 포지션
	11	Q	힐플랫	⬦	↖		⊖	피피 포지션 샤세
	12	&	볼	⬦	↖		◎	
	13	Q	볼플랫	⬦	↖		⊖	
	14	S	힐플랫	⬍	↖	우45	⊖⊕	클로즈 포지션

- 8~10보는 피피 포지션 상태에서 8~9보 전진하며 10보에 방향을 바꾸는 동작이다. 이 부분에서는 9보에 여성 앞에 남성이 잘 막아서는 것이 가장 중요하다.

앞에서도 언급하였지만 사교댄스에서 특히 블루스 트로트에서의 춤은 클로즈 포지션-비켜선 포지션-클로즈 포지션-피피 포지션-클로즈 포지션 등등으로 파트너와의 포지션이 불규칙하게 그 휘거의 내용에 따라 변화가 되는 데, 그때그때의 해당되는 포지션을 정확하게 만들고 변경하는 것이 댄스를 잘하는 비결이 된다.

8보를 진행할 때는 9보에 남성이 여성 앞에 서게 되며 그러한 계획과 연결되어 8보는 여성보다 남성이 보폭을 길게 전진해 나갈 것이다.
이때 여성이 보폭을 길게 진행 한다면 남성의 계획 실현이 어려워지므로, 여성이 보폭을 좁게 진행하며 남성이 여성 앞에 서도록 끌어준다.

남성이 9보에 여성 앞을 정확하게 막아서며 클로즈 포지션을 만들었다.
10보에 남성이 막았던 길을 열어주기 위하여 오른발이 뒤로 디디게 되는데 이때 여성이
적극적으로 전방을 향해 진행해 간다.

그 결과로 남성의 바디는 자연스럽게 열리게 되며, 피피 포지션을 만들기 위하여 남성
은 지나가는 여성의 바디를 잡기 위하여 ⊖ 텐션을 형성하며 피피 포지션을 만든다.

- 11~14보는 피피 포지션 상태에서 중앙사 방향으로 샤세로 전진하며 14보에 역행면
  을 바라보며 클로즈 포지션을 만든다.
- 11보에서 남성 리드에 반응하며 여성이 오른발 힐플랫으로 디디고 12보에 왼발 볼로
  디디며 13보에 오른발 볼플랫으로 디디게 된다.

14보는 왼발을 힐플랫으로 디디게 된다. 왼발이 중앙사 방향으로 보폭 길게 앞으로 디
디며 바디가 진행하게 되면, 남성이 체중을 놓고 서 있는 상태이므로 여성의 오른팔은
⊖ 텐션이 걸리게 된다.

이 에너지로 인해 14보 후반부에 여성은 왼쪽으로 135도 스위블을 하게 되고, 남성을
바라보며 클로즈 포지션을 만들게 된다.

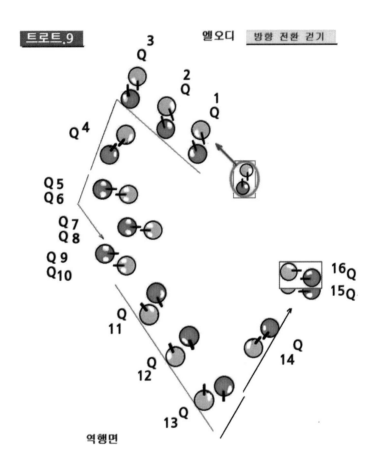

남성

- 1보~4보를 내추럴 4Q(QQQQ)으로 무빙한다. 1보 2보를 중앙사를 향하여 QQ으로 진행하며, 2보에 오른발 디딜 때 여성을 ⊕ 텐션으로 후진하도록 리드-3보에 엘오디를 향하여 왼발 전진 시 센터 밸런스에서 ⊖ 텐션으로 여성을 잡고-4보에 벽사를 보며 후진한다. 이때는 이미 3보에 형성된 ⊖ 텐션을 이끌고 후진한다.

- 5~6보는 지그재그 스텝을 위한 준비 단계이다. 5보 벽사를 보고 왼발 뒤로 디딘 후 6보는 우측 45도 턴하며 벽을 보고 오른발을 옆으로 디디며 클로즈 포지션을 만든다.

- 7~10보는 우측으로 이동하며, 벽을 보면서 지그재그 스텝을 진행한다. 지그재그 스텝의 중요한 리드 사항은 어깨가 벽을 향해 고정하고 하체는 약간의 로테이션을 사용해도 무방하다. 여성이 중심을 잃을 정도의 회전을 만들며 진행한다면 남성도 바디가 흔들리며 후행 휘거의 리드에 도움을 주지 못할 것이다.

- 11~14보는 내추럴 4Q 스텝이며 클로즈 포지션으로 진행한다. 11보에 역벽사 12보에 역벽사 그리고 13보에 역행면을 향하며 14보에는 역중앙사를 보면서 오른발 뒤로 디딘다. 클로즈 포지션 상태에서 우측 회전을 진행해 가는 것은 쉽지 않은 무빙이 된다. 남성의 중요 리드 방법은 상체의 씨비엠을 적극 사용하여 여성의 후진방향을 만들어 나가야 한다.

트로트 9. 방향 전환 걷기								
스텝/♪·발접촉				바디/진행·텐션				액션
남자	1	Q	힐플랫	◈	↘		⊕	비켜선 포지션
	2	Q	힐플랫	◈	↘		⊕	
	3	Q	힐플랫	⬆	↘	우45	⊖	
	4	Q	볼플랫	◈	↙	우45	⊖	
	5	Q	볼플랫	⬌	↙		⊕	비켜선 포지션
	6	Q	볼플랫	⬌	↓	우45	⊕	클로즈 포지션
	7	Q	힐플랫	⬌	↘		⊖	클로즈 포지션 지그재그 진행
	8	Q	볼플랫	⬌	↓		⊖	
	9	Q	볼플랫	⬌	↙		⊕	
	10	Q	볼플랫	⬌	↓		⊕	
	11	Q	힐플랫	◈	↘	우45	⊕	비켜선 포지션
	12	Q	힐플랫	◈	↘		⊕	
	13	Q	힐플랫	⬆	↘	우45	⊖	
	14	Q	볼플랫	◈	↗	우45	⊖	
	15	Q	볼플랫	⬌	↗		⊕	비켜선 포지션
	16	Q	볼플랫	⬌	↑	우45	⊕	클로즈 포지션

- 15~16보는 중앙을 향해서 클로즈 포지션을 유지하는 것이다. 계속 회전하는 에너지

를 유지하며 15보에 왼발을 뒤로 디디고 16보에 여성이 왼발을 놓는 위치를 확인하며 오른발을 클로즈 포지션에 맞게 디뎌야 한다.

여성

- 1보~4보를 내추럴 4Q(QQQQ)으로 무빙한다.

  1~3보 후진으로 QQQ 진행하며, 4보는 전진해야 한다.

  3~4보의 연결 부분을 잘하기 위하여 2보 후반에 4보 전진을 예상해야 하며, 3보에 엘오디 방향으로 오른발 후진 시 센터 밸런스에서 남성 리드에 의해 ⊖ 텐션이 걸린다-4보에 역중앙사 방향으로 전진하기 위하여 걸려 있는 이 ⊖ 텐션을 적극 활용해야 하며-와인드업(Wind Up) 액션을 사용하여 바디를 힘차게 전진시킨다.

물론 바디가 먼저 무빙하고 발은 뒤따를 것이며 박자는 발이 바닥을 디디는 타임에 맞추어야 한다.

결국 바디는 끊어짐 없이 댄스가 끝날 때까지 움직여야 하며, 박자를 맞추는 것은 하체가 된다. 춤은 바디의 움직임으로 이루어진다는 관점도 있는데 저자도 여기에 한 표!

- 5~6보는 지그재그 스텝을 위한 준비 단계이다. 5보에 중앙을 보기 위해 회전이 있으며 오른발 앞으로 디딘 후 6보는 옆으로 디디며 클로즈 포지션 위치인 남성의 오른쪽 위치에 선다.
- 7~10보는 중앙을 보면서 뒤로 앞으로 무빙하는 지그재그 스텝을 진행한다. 지그재그 스텝의 중요한 실행 사항은 어깨가 중앙을 향해 고정하고 하체는 약간의 로테이션 해도 무방하다.

여성이 무빙 시 바디 회전의 각도가 큰 경우에는 상대방인 남성의 중심까지도 흔들 수 있기 때문에 약간의 회전을 진행한다면 좋을 것이다.

• 11~14보는 내추럴 4Q 스텝이며 클로즈 포지션으로 진행한다.

11보에 남성의 리드로 중앙사를 보며 후진, 12보에도 중앙사를 향하고, 그리고 13보에 엘오디를 향하며 오른발 뒤로 디딘다. 14보에 벽사를 향하는 회전을 진행하며 왼발 앞으로 디딘다.

클로즈 포지션 상태에서 우측 회전의 진행은 어려운 무빙이다.

여성이 남성과 편하게 무빙하는 방식은 남성이 상체 로테이션 리드 시 여성의 상체가 자연스럽게 같은 로테이션을 반응해 주면 좋다.

• 15~16보는 벽을 향하고 클로즈 포지션을 유지한다. 계속 회전하는 에너지를 유지하며 15보에 오른발을 앞으로 디디고 16보에 왼발을 놓으며 남성의 바디 위치를 확인하며 클로즈 포지션에 맞게 자리를 잡아야 한다.

트로트 9. 방향 전환 걷기								
	스텝/♪·발접촉			바디/진행·텐션				액션
여자	1	Q	볼플랫	◇	↖		⊕	비켜선 포지션
	2	Q	볼플랫	◇	↖		⊕	
	3	Q	볼플랫	⬍	↖	우45	⊖	
	4	Q	힐플랫	◇	↙	우45	⊖	
	5	Q	힐플랫	◇	↙		⊕	비켜선 포지션
	6	Q	볼플랫	←	↓	우45	⊕	클로즈 포지션
	7	Q	볼플랫	←	↘		⊖	클로즈 포지션 지그재그 진행
	8	Q	볼플랫	←	↓		⊖	
	9	Q	힐플랫	←	↙		⊕	
	10	Q	볼플랫	←	↓		⊕	
	11	Q	볼플랫	◇	↘	우45	⊕	비켜선 포지션
	12	Q	볼플랫	◇	↘		⊕	
	13	Q	볼플랫	⬆	↘	우45	⊖	
	14	Q	힐플랫	◇	↗	우45	⊖	
	15	Q	힐플랫	◇	↗		⊕	비켜선 포지션
	16	Q	볼플랫	⊟	↑	우45	⊕	클로즈 포지션

10번: 백 스위블

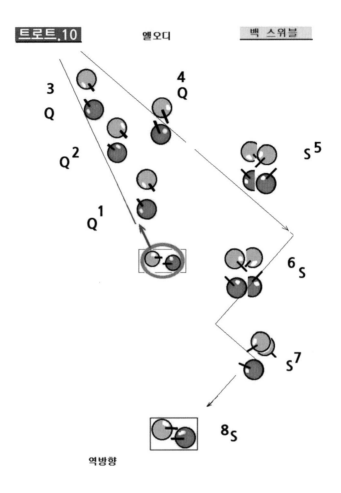

- 1~4보를 리버스 4Q(QQQQ)으로 무빙한다.

- 중앙사를 향해 1~3보를 QQQ으로 진행하며 4보는 오른발 뒤로 하고 후진이 진행된다. 3~4보의 전진하고 후진하는 무빙의 연결을 하기 위하여 2보 후반에 오른발 디디며 여성을 ⊕ 텐션으로 후진 리드-3보에 왼발 전진 시 센터 밸런스에서 ⊖ 텐션으로 여성을 잡고-4보에 후진하며 이미 형성된 ⊖ 텐션을 이끌고 후진한다.

- 5~8보는 남성이 후진하며 여성과 함께 스위블 및 피피 포지션을 만들고 마지막 보에 여성을 돌려 세우며 클로즈 포지션으로 마무리한다.

4보에서의 볼플랫 액션으로 인해 가능해진 바디의 스무스한 무빙을 사용하며-5보에 왼발 뒤로 디디며 오른발도 왼발 옆으로 끌어온다.

5보 초입에 남성은 왼발로 체중이동을 완료한다. 여성은 5보 초입에 오른발 앞으로 하며 바닥을 디디고 바디가 전방으로 진행하고 있다.

5보 후반에 남성은 양발이 이미 모아진 상태에서 남성 앞을 지나가고 있는 여성의 무빙을 ⊖ 텐션으로 잡으면 여성이 스위블이 발생되며 역중앙사를 바라보고 남성과 비켜선 포지션을 만들게 된다.

6보에 남성은 오른발이 역중앙사 쪽으로 뒤로 뻗으며 바닥을 디디고 체중을 이동한다. 이때는 이미 형성된 ⊖ 텐션을 끌고 체중이동을 하게 된다.

트로트 10. 백 스위블						
스텝/♪·발접촉			바디/진행·텐션			액션
남자	1	Q	힐플랫	◈	↖		⊕	비켜선 포지션
	2	Q	힐플랫	◈	↖		⊕	
	3	Q	힐플랫	◈	↖		⊖	
	4	Q	볼플랫	◈	↘		⊖	
	5	S	볼플랫	◈	↘		⊕	비켜선 포지션
				◈		우90	⊖	역비켜선 포지션
	6	S	볼플랫	◈	↙		⊕	역비켜선 포지션
				◈		좌90	⊖	비켜선 포지션
	7	S	볼플랫	◈	↘		⊕	비켜선 포지션
				◈			⊖	피피 포지션
	8	S	힐플랫	⇔	↙	좌45	⊖	역출발 포지션
				⇔			⊕	클로즈 포지션

여성은 남성의 리드에 이끌려 왼발이 역중앙사 방향으로 뻗으며 무빙한다.

남성은 6보 후반부에 남성은 양발이 이미 모아진 상태에서 남성 앞을 지나가고 있는 여성의 무빙을 ⊖ 텐션으로 잡으면 여성이 스위블이 발생되며 역벽사를 바라보고 남성과 비켜선 포지션을 만들게 된다.

7보 초입에 남성은 바디의 회전 없이 왼발 뒤로하며 체중이동을 완료한다. 여성은 7보 초입에 오른발 앞으로 하며 힐플랫으로 바닥을 디디고 바디가 전방으로 진행하고 있다.

7보 후반에 남성은 양발이 이미 모아진 상태에서 남성 앞을 지나가고 있는 여성의 무빙을 ⊖ 텐션으로 잡으면 여성이 스위블이 발생되며 역중앙사를 바라보고 남성과 피피 포지션을 만들게 된다.

8보에 남성은 역중앙사 방향으로 전진하며 8보 초입에 오른발을 앞으로 디디고 체중이동을 완료한다. 여성은 8보 초입에 역중앙사로 진행하며 왼발을 앞으로 디디고 체중이동을 완료한다. 8보 후반부에 남성의 ⊖ 텐션으로 여성은 스위블되며 클로즈 포지션이 만들어진다.

여성

• 1~4보를 리버스 4Q(QQQQ)으로 무빙한다. 중앙사를 향해 1~3보를 QQQ으로 진행하고 4보는 왼발 앞으로 하고 전진으로 무빙한다.

3~4보에 후진하고 전진하는 무빙의 연결을 부드럽게 하기 위하여 2보 후반에 남성이 여성을 ⊕ 텐션으로 밀어주게 되며 그 리드에 잘 반응 하며 후진을 진행하고-3보에 여성 오른발을 뒤로 디딜 때 센터 밸런스에서 남성의 ⊖ 텐션 리드를 적극 활용하면서, 여성의 바디가 뒤로 무빙한 후 전방을 향하여 진행한다.

4보에 이 에너지를 사용하며 왼발 앞으로 디디고 앞으로 무빙해 나간다.

• 5~8보는 남성이 후진하며 여성과 함께 스위블 및 피피 포지션을 만들고 마지막 보에

여성을 돌려 세우며 클로즈 포지션으로 마무리한다.

트로트 10. 백 스위블							
스텝/♪·발접촉			바디/진행·텐션				액션
여자	1	Q	볼플랫	◇	↖		⊕	비켜선 포지션
	2	Q	볼플랫	◇	↖		⊕	
	3	Q	볼플랫	◇	↖		⊖	
	4	Q	힐플랫	◇	↘		⊖	
	5	S	힐플랫	◇	↘		⊕	비켜선 포지션
				◈		우90	⊖	역비켜선 포지션
	6	S	힐플랫	◈	↙		⊕	역비켜선 포지션
				◇		좌90	⊖	비켜선 포지션
	7	S	힐플랫	◇	↘		⊕	비켜선 포지션
				◈		우90	⊖	피피 포지션
	8	S	힐플랫	◈	↙		⊖	역출발 포지션
				▷		좌135	⊕	클로즈 포지션

4보에서의 여성 힐플랫 액션으로 인해 가능해진 바디의 스무스한 무빙을 사용하며-5보에 오른발 앞으로 디디며 동시에 왼발을 오른발 옆으로 위치시킨다.

5보 초입에 여성은 오른발로 체중이동을 완료한다. 이어서 남성의 ⊖ 텐션에 의하여 우측으로 90도 스위블이 되면서 역중앙사를 보게 된다.

5보에서 여성은 스위블 될 것을 미리 인지하게 될 것이며, 여성의 무빙은 남성 앞을 지날 때 보폭을 길게 그리고 남성에게 멀리 떨어져 있는 위치로 발을 디디려 해야 한다. 그 결과 좋은 스위블과 멋진 움직임이 나타나게 된다. 여성의 이 무빙은 남성이 리드를 하며 도와주기도 할 것이지만-여성 스스로 움직임을 진행해야 한다.

이 무빙은 5보, 6보, 7보에서 여성에게 적용된다.

여성은 6보 초입에 왼발 앞으로 하며 바닥을 디디고 바디가 전방으로 진행하고 있다.

6보를 디디기 위하여 여성이 남성 앞을 지나가고 있을 때, 남성이 여성의 무빙을 ⊖ 텐션으로 잡으면 여성에게 좌측 90도의 스위블이 발생되어 역벽사를 바라보고 남성과 비켜선 포지션을 만들게 된다.

7보에 여성은 오른발이 역벽사 쪽을 향해 앞으로 뻗으며 바닥을 디디고 체중을 이동한다. 이때는 이미 형성된 ⊖ 텐션을 끌고 체중이동을 실시한다.
7보 후반부에 남성 앞을 지나가고 있는 여성의 무빙을 ⊖ 텐션으로 잡으면 여성에게 스위블이 발생되며 역중앙사를 바라보고 남성과 피피 포지션을 만들게 된다.

8보에 여성은 남성의 리드에 반응하며 역중앙사를 향해 전진하며, 8보 초입에 왼발을 앞으로 디디고 체중이동을 완료한다.
8보 후반부에 남성의 ⊖ 텐션으로 여성은 스위블되며 벽을 향하게 되고 클로즈 포지션이 만들어진다.

트로트 10. 백 스위블								
스텝/♪·발접촉			바디/진행·텐션				액션	
남자	1	Q	힐플랫	◈	↖		⊕	비켜선 포지션
	2	Q	힐플랫	◈	↖		⊕	
	3	Q	힐플랫	◈	↖		⊖	
	4	Q	볼플랫	◈	↘		⊖	
	5	S	볼플랫	◈	↘		⊕	비켜선 포지션
				◈		우90	⊖	역비켜선 포지션
	6	S	볼플랫	◈	↙		⊕	역비켜선 포지션
				◈		좌90	⊖	비켜선 포지션
	7	S	볼플랫	◈	↘		⊕	비켜선 포지션
				◈			⊖	피피 포지션
	8	S	힐플랫	⇦	↙	좌45	⊖	역출발 포지션
				⇦			⊕	클로즈 포지션

여자	1	Q	볼플랫	◈	↖		⊕	비켜선 포지션
	2	Q	볼플랫	◈	↖		⊕	
	3	Q	볼플랫	◈	↖		⊖	
	4	Q	힐플랫	◈	↘		⊖	
	5	S	힐플랫	◈	↘		⊕	비켜선 포지션
				◈		우90	⊖	역비켜선 포지션
	6	S	힐플랫	◈	↙		⊕	역비켜선 포지션
				◈		좌90	⊖	비켜선 포지션
	7	S	힐플랫	◈	↘		⊕	비켜선 포지션
				◈		우90	⊖	피피 포지션
	8	S	힐플랫	◈	↙		⊖	역출발 포지션
				▭		좌135	⊕	클로즈 포지션

참고 문헌

WDSF Technique Books, World Dance Sport Federation

The Ballroom Technique, ISTD

이 책에 나오는 이미지 찾아보기

⊕ 텐션 이미지/72

⊖ 텐션 이미지/73

남성 지르박 스무스 워킹 베이직ⓑ 이미지/62

남성 지르박 스무스 워킹 베이직ⓑ 이미지/86

남성 지르박 워킹 베이직Ⓐ 이미지/62

여성①보 박자 "쿵"= 왼발"체중이동 완료"[1보
　정지 자세] 이미지/84

왼발로 체중이동이 완료된 순간 포착 이미지/76

지르박 박자와 (박자 중간에) 체중 이동 완료
　순간ⓑ 이미지/57

지르박 박자와 (박자 초입 때) 체중 이동 완료
　순간Ⓐ 이미지/57

지르박 손잡는 방법 이미지/60

지르박 워킹 세부 동작 분석 이미지/58

지르박[1-1번] 텐션 리드와 반응, 작동 분석 이
　미지/80

직진하는 여성 지르박 박자와 체중완료 시점
　이미지/85

진자 운동과 속도 이미지/79

댄스 진행 방향 이미지/29

댄스 프레임 이미지/38

드라이브 액션 구분 동작 이미지/33

롤링 액션 이미지/34

룸바 전진 워킹 구분 동작 이미지/32

바른 자세 이미지/30

박자길이 관련 용어 이미지/28

블루스 4Q 용어 이미지/176

샤세 박자와 발 위치 이미지/183

스무스 베이직, 지르박 4보, 5보에서의 리드와
　반응 이미지/89

전진 워킹 센터밸런스 통과 이미지/34

지르박 3차선 진행 이미지/67

지르박 4보, 5보에서의 리드와 반응 이미지/42

지르박 남녀 손위치 이미지/68

포지션 이미지 참고/26

풋액션 이미지/36

프롬나드포지션에서 생성된 "V" 각도 이미지/47

후진 - 예비보와 센터밸런스 통과 이미지/34

힐 풀 이미지/50

이미지(■) 위치를 알 수 있는 차례

Part 1: 이 책은 사교댄스를 생각한다

1-1. 이 책을 출판하게 된 계기/12

1-2. 이 책은 WDSF 댄스스포츠 이론을 바탕으로 설명/13

1-3. 사교댄스에서 남성 리드는 중요하다/15

1-4. 남성을 위해 춤을 추세요/16

1-5. 사교댄스를 잘하는 방법/17

Part 2: 일자 지르박의 역사와 발전과정

2-1. 지르박의 명칭/20

2-2. 한국 지르박의 변화/22

Part 3: 사교댄스의 용어

3-1. 이 책에서 사용되는 용어/26

　■ 포지션 이미지 참고/26

3-2. 박자 관련 용어/28

　■ 박자길이 관련 용어 이미지/28

3-3. 방향(Alignment)/29

3-4. 사교댄스의 자세/30

　■ 바른 자세 이미지/30

3-5. 손의 높이/30

3-6. 댄스 스포츠 워킹 이론/32

　■ 룸바 전진 워킹 구분 동작/32

　■ 드라이브 액션 구분 동작/33

3-7. 사교댄스 걷기(Walking)/34

　■ 롤링 액션/34

　■ 전진 워킹 센터밸런스 통과 그림/34

3-8. 풋 액션(Foot Action)/36

　■ 풋액션 이미지/36

3-9. 댄스와 음악/37

3-10. 프레임(Frame)/38

　■ 댄스 프레임/38

3-11. 리드와 텐션(Lead-Tention)/39

　■ 지르박 4보, 5보에서의 리드와 반응/42

3-12. 커플 포지션의 종류/47

　■ 프롬나드 포지션에서 생성된 "V" 각도/47

3-13. 핸드 홀드(Hand Hold)/49

3-14. 기타 액션 용어/49

3-14-1. 힐 턴(Heel Turn)/49

3-14-2. 힐 풀(Heel Pull)/50

　■ 힐 풀 이미지/50

3-14-3. 브러시(Brush)/50

3-14-4. 샤세(Chasse)/50

3-14-5. 클로즈(Close)/51

3-14-6. 와인드 업(Windup)/51

3-14-7. 드레그(Drag)/52

Part 4: 지르박

4-1. 지르박의 움직임에 대한 고찰/55

4-1-1. 지르박 춤의 움직임 3규칙/56

4-1-2. 지르박 음악과 체중이동/56

■ 지르박 박자와 (박자 초입 때) 체중 이동 완료 순간Ⓐ/57

■ 지르박 박자와 (박자 중간에) 체중 이동 완료 순간Ⓑ/57

4-1-3. 박자 초입에 체중이동 완료 워킹 연습 방법/58

■ 지르박 워킹 세부 동작 분석/58

4-1-4. 여성의 체중이동 완료/59

4-1-5. 지르박에서의 손 잡는 방법과 무빙/59

■ 지르박 손 잡는 방법/60

4-1-6. 지르박 워킹 베이직과 스무스 워킹 베이직/61

■ 남성 지르박 워킹 베이직Ⓐ/62

■ 남성 지르박 스무스 워킹 베이직Ⓑ/62

4-1-7. 지르박 6박 진행 중 남·여 핵심적인 기술적 절차/64

4-1-8. 사교댄스의 전진·후진·회전/64

4-2. 지르박 이미지 보는 방법/66

■ 지르박 3차선 진행 이미지/67

■ 지르박 남녀 손 위치 이미지/68

4-3. 지르박 휘거 차트 보는 방법/69

4-3-1. 중립 텐션에 관하여/71

4-3-2. 밀기 ⊕ 텐션에 관하여/72

■ ⊕ 텐션 이미지/72

4-3-3. 당기기 ⊖ 텐션에 관하여/73

■ ⊖ 텐션 이미지/73

4-4. 휘거 차트 해석을 위한 보조 영상/74

4-5. 1~10번/75

4-5-1. 1번. 4방 동행 걷기/75

4-5-2. 1-1. 4방 동행 걷기/75

■ 왼발로 체중 이동이 완료된 순간 포착 이미지/76

■ 진자 운동과 속도/79

■ 지르박[1-1] 텐션 리드와 반응, 작동 분석 이미지/80

■ 여성①보 박자 "쿵"= 왼발"체중이동 완료"[1보 정지 자세]/84

■ 직진하는 여성 지르박 박자와 체중 완료 시점/85

■ 남성 지르박 스무스 워킹 베이직Ⓑ/86

■ 스무스 베이직, 지르박 4보, 5보에서의 리드와 반응/89

4-5-3. 1-2. 4방 동행 걷기/90

4-5-4. 1-3. 4방 동행 걷기/93

4-5-5. 1-4. 4방 동행 걷기/96

4-5-6. 2번. 왼쪽에서 들어가 마주 보기/98

4-5-7. 2-1. 왼쪽에서 들어가 마주 보기/98

4-5-8. 2-2. 왼쪽에서 들어가 마주 보기/100

4-5-9. 2-3. 왼쪽에서 들어가 마주 보기/102

4-5-10. 3번. 뒤로 3번 움직이고, 앞에 서기/104

4-5-11. 3-1. 뒤로 3번 움직이고, 앞에 서기/104

4-5-12. 3-2. 뒤로 3번 움직이고, 앞에 서기/106

4-5-13. 3-3. 뒤로 3번 움직이고, 앞에 서기/108

4-5-14. 3-4. 뒤로 3번 움직이고, 앞에 서기/110

4-5-15. 3-5. 뒤로 3번 움직이고, 앞에 서기/112

4-5-16. 4번. 어깨걸이/114

4-5-17. 4-1. 어깨걸이/114

4-5-18. 4-2. 어깨걸이/116

4-5-19. 5번. 등지고 뿌리기/118

4-5-20. 5-1. 등지고 뿌리기/118

4-5-21. 5-2. 등지고 뿌리기/120

4-5-22. 5-3. 등지고 뿌리기/122

4-5-23. 6번. 좌측 포지션에서 목감기/124

4-5-24. 6-1. 좌측 포지션에서 목감기/124

4-5-25. 6-2. 좌측 포지션에서 목감기/126

4-5-26. 6-3. 좌측 포지션에서 목감기/128

4-5-27. 6-4. 좌측 포지션에서 목감기/130

4-5-28. 7번. 꽈배기/ 132

4-5-29. 7-1. 꽈배기/132

4-5-30. 7-2. 꽈배기/134

4-5-31. 7-3. 꽈배기/136

4-5-32. 7-4. 꽈배기/138

4-5-33. 7-5. 꽈배기/140

4-5-34. 8번. 건너가서 돌려버리기/142

4-5-35. 8-1. 건너가서 돌려버리기/142

4-5-36. 8-2. 건너가서 돌려버리기/144

4-5-37. 9번. 같이 돌아서 좌측 포지션에 서기/146

4-5-38. 9-1. 같이 돌아서 좌측 포지션에 서기/146

4-5-39. 9-2. 같이 돌아서 좌측 포지션에 서기/148

4-5-40. 9-3. 같이 돌아서 좌측 포지션에 서기/150

4-5-41. 9-4. 같이 돌아서 좌측 포지션에 서기/152

4-5-42. 9-5. 같이 돌아서 좌측 포지션에 서기/154

4-5-43. 10번. 홀드/156

4-5-44. 10-1. 홀드/156

4-5-45. 10-2. 홀드/158

4-5-46. 10-3. 홀드/160

Part 5: 블루스

5-1. 이미지와 차트 소개/164

5-1-1. 이미지 보는 방법/166

5-1-2. 차트 보는 방법/168

5-1-3. 워킹 베이직 방법과 분석/168

5-2. 1~10번/174

5-2-1. 1번. 지그재그 돌려 세우기/174

　■ 블루스 4Q 용어/176

5-2-2. 2번. 직선 리버스 턴/182

　■ 샤세 박자와 발 위치/183

5-2-3. 3번. 사선 리버스 턴/188

5-2-4. 4번. 피피 샤세 막고 돌기/192

5-2-5. 5번. 방향 전환 걸기/198

5-2-6. 6번. 터널/202

5-2-7. 7번. 리버스 샤세/207

5-2-8. 8번. 다이아몬드/210

5-2-9. 9번. 백 런/214

5-2-10. 10번. 좌우 스핀/218

Part 6: 트로트

6-1. 소개/224

6-2. 1~10번/225

6-2-1. 1번. 전진하며 방향 전환/225

6-2-2. 2번. 피피 포지션 걷기/230

6-2-3. 3번. 서로 건너가며 걷기/234

6-2-4. 4번. 내추럴 턴 피피 포지션/238

6-2-5. 5번. 피피 포지션 우방향 걷기/241

6-2-6. 6번. 샤세 좌회전 샤세/244

6-2-7. 7번. 사선 리버스 턴/248

6-2-8. 8번. 피피 샤세 막고 돌기/250

6-2-9. 9번. 방향 전환 걷기/258

6-2-10. 10번. 백 스위블/262

사교댄스 리드 완전정복

ⓒ 이창수, 2024

초판 1쇄 발행 2024년 8월 1일

지은이   이창수
펴낸이   이기봉
편집   좋은땅 편집팀
펴낸곳   도서출판 좋은땅
주소   서울특별시 마포구 양화로12길 26 지월드빌딩 (서교동 395-7)
전화   02)374-8616~7
팩스   02)374-8614
이메일   gworldbook@naver.com
홈페이지 www.g-world.co.kr

ISBN   979-11-388-3217-5 (13690)